Maurício Zockun

Regime Jurídico da Obrigação Tributária Acessória

REGIME JURÍDICO
DA OBRIGAÇÃO TRIBUTÁRIA ACESSÓRIA

© Maurício Zockun

ISBN: 85.7420.682.2

Direitos reservados desta edição por
MALHEIROS EDITORES LTDA.
Rua Paes de Araújo, 29, conjunto 171,
CEP: 04531-940 – São Paulo - SP
Tel.: (0xx11) 3078-7205 – Fax: (0xx11) 3168-5495
URL: www.malheiroseditores.com.br
e-mail: malheiroseditores@terra.com.br

Composição
Scripta

Capa
Criação: Vânia Lúcia Amato
Arte: PC Editorial Ltda.

Impresso no Brasil
Printed in Brazil
08.2005

*À Carolina Zancaner Zockun,
por quem eu vivo,
para quem eu vivo
e sem quem eu não vivo.*

*À Maria Helena Garcia Pallares Zockun,
minha querida mãe
que forjou meu caráter e meu coração.*

PREFÁCIO

É com grande satisfação que apresento à comunidade jurídica este livro, da lavra do jovem e talentoso professor Maurício Zockun – com certeza o primeiro de outros que virão futuramente.

Ao tratar de tema relativamente pouco versado pela doutrina brasileira, o autor transita tranqüila e eficazmente pelos campos da Teoria Geral do Direito, do Direito Constitucional e do Direito Administrativo, especialmente, a par de, evidentemente, cuidar do Direito Tributário. É o que todo jurista, na verdadeira acepção do termo, deveria fazer, como dizia o saudoso mestre Geraldo Ataliba. Na verdade, mais que um tributarista, o Autor se enquadra na classe dos "juristas que entendem de Direito Tributário".

A seriedade e competência com que foram redigidas as linhas demonstram o que restou dito acima.

Iniciando pela noção fundamental do Direito como um sistema, passando pelos princípios jurídicos e pelos conceitos universais de obrigação e deveres jurídicos, Maurício Zockun aborda a questão relativa às denominadas "obrigações tributárias acessórias".

Colocando a denominação da figura em questão na sua apropriada conceituação técnica, o autor alcança, dentre outras, a conclusão de que, para a sua criação, as *obrigações tributárias instrumentais* somente podem decorrer de lei formal (ou por lei delegada), ou, nos seus dizeres, "só podem ser veiculadas por ato normativo decorrente de regular procedimento legislativo".

A obra apresentada tem, além de outras, a qualidade de enfrentar pontos polêmicos em relação aos quais a doutrina tergiversa, oferecendo o seu entendimento de forma clara, objetiva – e, por vezes, obstinada.

Aliás, a intolerância "atalibina" com referência à desobediência recorrente da Constituição da República, é uma das características que MAURÍCIO ZOCKUN compartilha com o pranteado professor GERALDO ATALIBA, e que faz sobressair a honestidade intelectual que permeia todo o trabalho, virtude rara em nossos autores, infelizmente, nos dias que correm.

Enfim, o autor e seu belo trabalho vêm enriquecer a "boa doutrina" do Direito Tributário pátrio, pela sua profundidade, seriedade e sólida fundamentação.

Que ele continue a nos brindar com estudos deste nível e importância!

ESTEVÃO HORVATH

Professor de Direito Tributário
da Pontifícia Universidade Católica de São Paulo-PUC/SP
e de Direito Financeiro da Universidade de São Paulo-USP

SUMÁRIO

AGRADECIMENTOS

INTRODUÇÃO

CAPÍTULO 1 – PREMISSAS METODOLÓGICAS
1.1 A linguagem do Direito, 19
1.2 O Direito como um sistema, 34
1.3 A função dos princípios, 37
  1.3.1 Princípios e normas jurídicas (suas espécies e subespécies), 39
  1.3.2 A eficácia dos princípios constitucionais, 42

CAPÍTULO 2 – O ESTADO DEMOCRÁTICO DE DIREITO E O REGIME JURÍDICO TRIBUTÁRIO, 46
2.1 O Estado Democrático brasileiro, 47
2.2 O Estado de Direito nacional, 48
2.3 Elementos identificadores da existência de um regime jurídico, 50
2.4 O subsistema do direito constitucional tributário, 51
  2.4.1 Direito tributário e direito administrativo, 52
  2.4.2 Direito tributário substantivo e adjetivo, 55
2.5 Os princípios republicano e federativo, 56

CAPÍTULO 3 – DEVIDO PROCESSO LEGAL
3.1 Origem histórica, 61
3.2 Aspectos adjetivo e substantivo, 63
3.3 Limite objetivo ao exercício das funções estatais, 65

CAPÍTULO 4 – NATUREZA JURÍDICA DA OBRIGAÇÃO

4.1 O conceito de obrigação e dever jurídico, 69

    4.1.1 A influência do pensamento de Santi Romano, 73

4.2 A teoria da patrimonialidade e da transitoriedade da obrigação tributária, 79

    4.2.1 Conceitos lógico-jurídicos e jurídico-positivos, 79

    4.2.2 A obrigação como conceito jurídico-positivo, 81

CAPÍTULO 5 – A DOUTRINA SOBRE A "OBRIGAÇÃO TRIBUTÁRIA ACESSÓRIA", 87

5.1 O pensamento de Arnaldo Borges, 87

5.2 O pensamento de Dino Jarach, 88

5.3 O pensamento de Geraldo Ataliba, 89

5.4 O pensamento de Hugo de Brito Machado, 90

5.5 O pensamento de José Eduardo Soares de Melo, 92

5.6 O pensamento de José Juan Ferreiro Lapatza, 93

5.7 O pensamento de José Souto Maior Borges, 96

5.8 O pensamento de José Wilson Ferreira Sobrinho, 97

5.9 O pensamento de Misabel de Abreu Machado Derzi, 98

5.10 O pensamento de Paulo de Barros Carvalho, 100

5.11 O pensamento de Roque Antonio Carrazza, 102

5.12 O pensamento de Rubens Gomes de Souza, 103

5.13 O pensamento de Sacha Calmon Navarro Coêlho, 105

5.14 Visão crítica do conjunto das construções doutrinárias sobre o tema, 106

CAPÍTULO 6 – A OBRIGAÇÃO TRIBUTÁRIA

6.1 Aspectos da regra-matriz e a natureza obrigacional da relação jurídico-tributária, 107

6.2 O antecedente normativo, 109

    6.2.1 Aspecto material da hipótese tributária, 109

    6.2.2 Aspecto temporal da hipótese tributária, 112

    6.2.3 Aspecto espacial da hipótese tributária, 113

6.3 O conseqüente normativo, 113

    6.3.1 Aspecto pessoal da hipótese tributária, 113

    6.3.2 Aspecto quantitativo da hipótese tributária, 115

SUMÁRIO 9

CAPÍTULO 7 – O PERFIL JURÍDICO DA "OBRIGAÇÃO TRIBUTÁRIA ACESSÓRIA"

7.1 Introdução, 116

7.2 Natureza jurídica da "obrigação tributária acessória", 118

7.3 Os possíveis limites normativos do interesse em prol da arrecadação ou da fiscalização dos tributos, 123

7.4 A prescrição normativa do art. 113 do Código Tributário Nacional e as normas gerais em matéria de legislação tributária, 125

7.5 O conteúdo e o alcance do conceito veiculado na expressão "legislação tributária" inserta no art. 113 do Código Tributário Nacional, 130

7.6 O conteúdo normativo do interesse em prol da arrecadação ou da fiscalização dos tributos, 134

7.7 O possível sujeito passivo da "obrigação tributária acessória", 136

7.8 O possível sujeito ativo da "obrigação tributária acessória", 142

7.9 O tempo e a "obrigação tributária acessória", 144

CAPÍTULO 8 – OS PRINCÍPIOS CONSTITUCIONAIS TRIBUTÁRIOS E A "OBRIGAÇÃO TRIBUTÁRIA ACESSÓRIA", 146

8.1 Segurança jurídica, 147

8.2 Legalidade, 147

 8.2.1 Princípio da legalidade e a reserva de lei; delegação legislativa e os limites do poder regulamentar, 149

 8.2.2 Delegação legislativa e os limites do poder regulamentar, 156

8.3 Anterioridade e irretroatividade, 158

8.4 Isonomia, 159

8.5 Razoabilidade e proporcionalidade, 161

 8.5.1 Conteúdo determinável dos conceitos vagos, 162

 8.5.2 Conteúdo material dos princípios da razoabilidade e da proporcionalidade, 165

 8.5.3 Alcance no exercício da competência tributária, 169

  8.5.3.1 Momento cronológico e aspectos lógicos de sua verificação, 172

  8.5.3.2 A estrutura lógica da norma jurídica, 172

  8.5.3.3 Verificação no antecedente da norma jurídica, 173

  8.5.3.4 Verificação na compostura lógica da norma jurídica, 174

8.5.3.5 Verificação na proporcionalidade do conteúdo prescritivo, 175

8.5.3.6 Verificação na finalidade perseguida (princípio da finalidade), 176

Capítulo 9 – A Teoria do Desvio do poder e a Produção das Normas Jurídicas Veiculadoras de "Obrigações Tributárias Acessórias"

9.1 Conceito de desvio de poder, 179

9.2 O desvio de poder e o direito tributário formal, 181

Conclusões, 184

Bibliografia, 191

AGRADECIMENTOS

Ao Professor Doutor Estevão Horvath, por quem nutro florescente amizade e que serve de exemplo de homem probo e de conduta reta, agradeço pela orientação e pelos constantes estímulos científicos.

Ao Professor Doutor Sérgio Ferraz, querido padrinho, paradigma de jurista e capaz de inigualáveis condutas fraternais, agradeço muitíssimo as observações científicas, correções, apontamentos e sugestões que auxiliaram a lapidar esta obra.

À Professora Weida Zancaner (sogra do coração), cujo carinho e amor constante estreitam os laços que nos unem, agradeço o exame crítico e as serenas ponderações que permitiram edificar as vigas mestras desta obra.

Ao Professor Doutor Celso Antônio Bandeira de Mello, jurista maior de convicções e condutas inspiradoras e por quem tenho fraternal carinho, agradeço as brilhantes lições que deram substância a esta obra.

À Carolina Zancaner Zockun, mulher da minha vida, agradeço os constantes debates cristalizados ao longo deste trabalho.

INTRODUÇÃO

A presente obra tem por finalidade descrever o regime jurídico das impropriamente denominadas "obrigações tributárias acessórias", cuja previsão normativa geral e abstrata encontra-se veiculada no art. 113 da Lei Federal n. 5.172/1966 (Código Tributário Nacional).

No Capítulo 1 erigiremos as premissas metodológicas (método para o conhecimento científico) sobre as quais desenvolveremos o tema proposto, esclarecendo a importância do estudo da linguagem no Direito (tanto da linguagem-objeto do ordenamento jurídico como da metalinguagem da Ciência do Direito) e o procedimento que entendemos deva ser adotado pelo cientista do Direito para descrever o seu objeto de estudo.

Para tanto, nossa base empírica (ordenamento jurídico) deve ser analisada e descrita a partir de critérios unificadores (princípios), de maneira que assuma uma perspectiva unitária e harmônica (sistemática, portanto), necessária ao desenvolvimento do tema eleito.

Justamente a partir desses critérios unificadores é que poderemos apurar se um determinado comando normativo é existente, válido, vigente e eficaz. Com efeito, a investigação do direito positivo terá foros científicos caso o agente cognoscente empregue linguagem técnica adequada que busque imprimir univocidade ao discurso elaborado e atinar sobre os planos da existência, validade, vigência e eficácia das proposições normativas. Essas são as premissas que alicerçam nosso estudo.

Em seguida (Capítulo 2), identificaremos os princípios constitucionais que informam o direito tributário brasileiro – atribuindo-lhe autonomia meramente didática em relação aos demais ramos do Direito[1] –, e

---

1. Mas não do direito administrativo, como demonstraremos ao longo deste trabalho.

a importância do princípio do devido processo legal na configuração do Estado Democrático de Direito e no exercício das funções estatais (Capítulo 3).

Ultrapassada essa análise, procederemos ao estudo das obrigações em nosso sistema de direito positivo, averiguando se a patrimonialidade e a transitoriedade são características lógico-jurídica ou jurídico-positiva desse instituto (Capítulo 4). No escopo deste trabalho, cumpre arrolar, outrossim, o pensamento de parcela da doutrina nacional e estrangeira sobre o tema das "obrigações tributárias acessórias", de forma que apuremos em que sentido caminhou a produção científica até o presente momento (Capítulo 5).

Verificaremos, então, em que medida nossas conclusões são aplicáveis no subsistema do direito tributário, oportunidade na qual descreveremos a compostura lógica da norma jurídica tributária, o surgimento da relação jurídico-tributária, do mandamento jurídico por ela veiculado e, por fim, sua natureza jurídica (Capítulo 6).

Entre nós é corrente a afirmativa no sentido de que, em matéria tributária, a Constituição da República é exaustiva na medida em que aponta os possíveis aspectos da norma jurídica que tenha por objeto a instituição de tributos.[2] Essa mesma exaustividade constitucional, pensamos, não ocorreu em relação às denominadas "obrigações tributárias acessórias".

Nem por isso, contudo, podemos concluir pela impossibilidade de construirmos limites normativos ao exercício da competência constitucionalmente atribuída ao legislador e à Administração para criação de normas jurídicas versando sobre o tema das "obrigações tributárias acessórias".

É que a partir da linguagem-objeto do direito positivo, podemos arquitetar mentalmente a compostura lógica de normas jurídicas de produção normativa (normas de estrutura) fixadoras de parâmetros a serem observados, pelo Poder Legislativo e Poder Executivo das pessoas políticas competentes, na eleição dos aspectos da norma jurídica que institua – geral e abstratamente ou individual e concretamente – as denominadas "obrigações tributárias acessórias".

---

2. Esse é o pensamento de Roque Antônio Carrazza, em seu *Curso de Direito Constitucional Tributário*, pp. 362-363, em especial, nota 4.

Incumbe ao intérprete apurar e descrever essa fronteira (caracterizada por um específico conjunto de normas jurídicas especialmente aplicáveis) por intermédio da investigação semiótica, valendo-se, especialmente, da teoria das relações (Capítulo 7).

Dentre os princípios – decorrentes do primado do devido processo legal que é objeto de nossa análise no Capítulo 3 –, que nos permitem construir um regime jurídico aplicável às "obrigações tributárias acessórias", destacam-se os da razoabilidade e da proporcionalidade. Esses comandos irradiam seus efeitos sobre todas as atividades desenvolvidas pelo Estado (seja em sua função legislativa, administrativa ou judicial), condicionando, portanto, não só a produção de atos normativos[3] (eis que lhes servem de fundamento jurídico de validade), como a interpretação sistemática do objeto do estudo do jurista.

O cientista do Direito, no labor investigativo que lhe torna possível a construção do sentido, do conteúdo e do alcance das prescrições normativas que veiculam os princípios da razoabilidade e da proporcionalidade, deve descrever o texto do direito positivo sob o plano sintático, semântico e pragmático. E não se questiona a possibilidade de edificar um conteúdo conotativo e denotativo mínimo desses comandos constitucionais, pois, se assim não fosse, os conceitos veiculados por meio de vocábulos seriam meros ruídos destituídos de qualquer significação e, portanto, imprestáveis no processo de comunicação inerente ao Direito. Mas não é só.

No processo de produção de normas jurídicas, existem distintos momentos (lógicos e cronológicos) que permitem ao utente apurar o efetivo atendimento desses comandos decorrentes do devido processo legal (razoabilidade e proporcionalidade, dentre outros). Apontaremos e enu-

---

3. Somente por meio das normas jurídicas é que o direito pode regular a conduta intersubjetiva. Assim, para que os agentes públicos possam exercer as funções estatais que lhes foram constitucionalmente aquinhoadas, terão que produzir normas jurídicas inovando o ordenamento jurídico.
Essas normas podem ser classificadas (de acordo com os fatos da vida que pretende regular) em gerais e abstratas, individuais e abstratas e individuais e concretas ou, ainda (de acordo com sua finalidade no processo de positivação), em normas de estrutura (ou de produção normativa) e normas de conduta (ou de comportamento), e, por fim, (de acordo com sua função para o direito positivo) em norma jurídica *lato sensu* e suas espécies: princípios, regras e normas jurídicas em sentido estrito (*stricto sensu*). Com relação a essa última abordagem, deter-nos-emos mais adiante (Capítulo 2, item 2.3).

meraremos quais as etapas de investigação que, entendemos, devem ser percorridas pelo cientista do Direito para alcançar o seu desiderato (Capítulo 8) e delinearemos, outrossim, os critérios para aferição do objetivo atendimento desses cânones teóricos de validade[4] das normas jurídicas (especialmente daqueles afetos às "obrigações tributárias acessórias").

Muito embora entendamos que a doutrina não tenha produzido estudo científico fixando, de maneira abrangente e suficientemente densa, as balizas essenciais à apuração do atendimento dos mandamentos constitucionais pelas normas jurídicas que criam as "obrigações tributárias acessórias", mormente os cânones da razoabilidade e da proporcionalidade,[5] isso não impede a realização de uma meditação vestibular sobre o tema, especialmente porque ele deve ser abordado e dissecado para sucesso da empreitada científica ora proposta.

Constatada a produção de ato normativo em descompasso com a legislação de regência, o sistema de Direito positivo, em seu viés dinâmico que lhe permite dispor a respeito da sua própria criação e transformação, prevê consequências jurídicas específicas. Daí por que, ao final desta monografia, debruçaremos nossa atenção sobre a teoria do desvio do poder (Capítulo 9).

A nosso ver, parcela da doutrina vem tratando o tema de "obrigações tributárias acessórias" com profundo descaso, preferindo, no mais das vezes, repetir conclusões superficiais – ou, pior, limitando-se apenas à repetição do texto de lei – em vez de proceder à análise científica rigorosa dos diversos aspectos do tema.

Com efeito, pensamos que algumas questões fundamentais atinentes ao tema eleito ainda não foram abordadas pela boa doutrina. Não se identificou trabalho científico que tenha investigado, por exemplo, o limite normativo para (i) eleição dos possíveis sujeitos passivos das "obri-

---

4. Adotamos o conceito de existência e validade na mesma acepção de Celso Antônio Bandeira de Mello e José Souto Maior Borges, para quem o ato normativo produzido terá essa característica quando for expedido em absoluta conformidade com as normas jurídicas que lhe dão fundamento jurídico de validade. Esses mestres, diversamente de outros, professoram que os conceitos de existência e validade são distintos. Veremos essa distinção em tempo oportuno (Capítulo 1, item I).

5. Até aí nenhuma novidade, pois pensamos que o princípio da isonomia, por exemplo, recebeu balizas objetivas para a análise de sua observância pelo legislador e/ou por seu aplicador com o advento da obra maiúscula de Celso Antônio Bandeira de Mello, *O Conteúdo Jurídico do Princípio da Igualdade*.

gações tributárias acessórias"; e (ii) fixação das obrigações positivas ou negativas no interesse da arrecadação ou da fiscalização de tributos.

Daí por que pouco ou nada se criou nessa seara do conhecimento, tendo em diversas hipóteses o produto legislado sido repetido (em vez de investigado) de forma figurada e repetitiva, como se essa circunstância pudesse atribuir ao discurso o rigor que a linguagem descritiva demanda (quando, pelo contrário, é repudiada).

Alfredo Augusto Becker[6] vislumbrava a existência de atitude mental viciada naquelas hipóteses em que o cientista do Direito, porque reputa demasiadamente óbvios determinados fundamentos sobre os quais erige seu estudo, não observa criticamente suas premissas metodológicas. Esse vício de raciocínio contaminou, por exemplo, o estudo do imposto sobre a renda por décadas a fio, eis que se adotava o "óbvio" fundamento de que o legislador ordinário detinha competência para bulir o aspecto material desse imposto. Proclamava-se como verdade absoluta que "renda é aquilo que a lei disser que é", desconsiderando-se que a Constituição Federal já aponta as notas conotativas da regra-matriz desse tributo.[7]

A ousadia teórica não deve ser subjugada pelo temor da crítica, ainda que severa e precisa, especialmente porque serve de instrumento à evolução científica (seja para abonar as proposições científicas erigidas até aquele momento como sendo as mais adequadas para descrever um determinado fenômeno, seja para alçar outra em seu lugar).

As palavras de José Souto Maior Borges são reconfortantes para aqueles cientistas (não só do Direito) que pretendem trilhar o árduo e gratificante caminho da inovação teórica. Diz o mestre que: "Só quem não pensa está imune à contradição e ao erro. Eventuais descaminhos, equívocos de suposição na análise científica, foram muito mais férteis para o progresso da ciência do que certas verdades, irrelevantes pela sua superficialidade. Não passa de preconceito estabelecer uma separação absoluta entre verdade e erro das teorias, inclusive das teorias jurídicas.

---

6. *Teoria Geral do Direito Tributário*, p. 11.
7. A respeito deste tema, sugerimos a leitura da obra de autoria de Roberto Quiroga Mosquera, *Renda e Proventos de Qualquer Natureza – O Imposto e o Conceito Constitucional*, assim, como dos textos elaborados pelo mestre de todos nós, Geraldo Ataliba, "Periodicidade do Imposto sobre a Renda I" e "Periodicidade do Imposto sobre a Renda II", *Revista de Direito Tributário* 63/15-68.

É até preferível um erro que decorra de uma tentativa ousada e comprometida com uma construção teórica grandiosa a uma verdade elementar e superficial".[8]

E se assim pretendemos proceder, estamos conscientes dos equívocos em que podemos incidir – e em que fatalmente incidiremos em maior ou menor intensidade – na abordagem do tema. Não obstante isso, consideramos que a possibilidade de cometimento de erros estimula o desenvolvimento do nosso labor porque, ainda nas reconfortantes palavras de José Souto Maior Borges, "(...) o ideal de erradicar erros deve ser extirpado da ciência como erva daninha. Quem se propuser à formulação de hipóteses científicas ousadas, abertas ao falseamento, deve aprender a conviver com o erro. Quanto mais ousada a teoria, maior a possibilidade de insinuação do erro. Mas em contrapartida maior será o progresso científico se esse erro for rapidamente identificado".[9]

A envergadura deste trabalho não possibilita esgotar o tema, mas pretende, ao menos, sugerir um *iter* (e não o único) objetivo a ser trilhado pelo intérprete para aferição da compatibilidade entre os comandos normativos que cuidam da instituição de "obrigações acessórias" e o seu regime jurídico.

---

8. *Obrigação Tributária (uma introdução metodológica)*, p. 16.
9. *Ciência Feliz*, p. 21.

Capítulo 1
PREMISSAS METODOLÓGICAS

1.1 A linguagem do Direito. 1.2 O Direito como um sistema. 1.3 A função dos princípios: 1.3.1 Princípios e normas jurídicas (suas espécies e subespécies); 1.3.2 A eficácia dos princípios constitucionais.

1.1 A linguagem do direito

O cientista do Direito, no processo psicológico de "construção" de normas jurídicas existentes e válidas em um determinado ordenamento jurídico e num momento histórico qualquer, atribui a elas sentido, conteúdo e alcance a partir de certas premissas metodológicas sobre as quais ancora o seu estudo.

Parcela de nossa doutrina, engrossada por hordas de novos adeptos, tende a "glorificar" o fato comunicacional como se fosse o mais relevante para o conhecimento do Direito.

Em razão disso, essa novel corrente doutrinária, maravilhada com os ensinamentos de Robert Alexy, entre outros, atribui ao intérprete – necessariamente um agente humano – a tarefa de dizer o que é o Direito. Refutamos a radicalidade desse pensamento atento às advertências de Celso Antônio Bandeira de Mello.[1]

Como o direito positivo emprega as mais variadas espécies de linguagem (escrita, verbal etc.) para atingir o seu desiderato, temos que reconhecer que os seus termos comportam – independentemente da vontade do intérprete – um mínimo de sentido.

---

1. Em conferência proferida na Faculdade de Direito da Pontifícia Universidade Católica de São Paulo em 1º.3.2004.

Vale dizer, conquanto a vontade do legislador (*mens legislatoris*) não tenha o condão de interferir no sentido, conteúdo e alcance das prescrições normativas veiculadas no sistema de direito positivo (*mens legis*), o produto legislado emprega palavras e locuções para atingir o fim a que se predestina o Direito (qual seja, regular as relações intersubjetivas).

Com efeito, mesmo que o termo veiculado no ato normativo seja ambíguo, o labor investigativo do intérprete limitar-se-á às fronteiras dessa ambiguidade. Daí porque o vocábulo "igualdade" pôde, num momento histórico, revestir de validade o instituto da escravidão e, em outro período, rejeitá-lo em todos os seus desdobramentos.

Assim, ainda que reconheçamos que o Direito não é um *dado*, mas sim um *construído*, a atividade interpretativa do utente já se encontra previamente limitada aos confins da linguagem empregada pelo legislador.

Conforme elucidou Celso Antônio Bandeira de Mello, na referida conferência, o ser cria o dever-ser pretendendo regular o ser. Assim, aquele que exerce a função legislativa (plano do ser) almeja regular a conduta social em determinado sentido (plano do ser) por meio de normas jurídicas inaugurais do sistema de direito positivo (plano do dever-ser).

Desconhecer a existência de um sentido mínimo no produto legislado representaria outorgar ao utente a aptidão para demarcar, ao seu talante, condutas que o ser e o dever-ser pretendem regular, irrogando-lhe o exercício de uma função estatal sem a correspondente aptidão lógica e jurídica.

Daí por que devemos temperar a afirmativa no sentido de que o Direito é aquilo que disser o intérprete. Para nós, o Direito autoriza o labor interpretativo nos limites das possíveis acepções da linguagem legislada.

E para que possamos advertir o leitor em relação ao sentido de alguns vocábulos empregados nesta obra, esclarecemos que a edificação, a construção e a arquitetura do sentido do texto legislado – palavras sinônimas utilizadas na mesma acepção ao longo deste trabalho – são realizadas na intimidade do sentido (ainda que ambíguo) do produto da atividade legislativa.

Deveras, as normas jurídicas são fruto de um processo mental empreendido pelo intérprete que, por meio do exame da intimidade do conteúdo dos veículos introdutores de comandos normativos no ordenamento jurídico, constrói a previsão do surgimento de relações jurídicas entre sujeitos titulares de direitos e obrigações,[2] a partir da ocorrência de determinados fatos identificados por coordenadas de tempo e espaço.

Esses fatos podem estar direta ou indiretamente ligados à prática de condutas humanas, que passamos, para facilitar o processo de elucidação, a denominá-los de fatos sociais. Em contrapartida estão aqueles cuja ocorrência independe de qualquer atividade humana e que passamos a designar de fatos naturais. Caso o direito positivo atribua determinada conseqüência em razão de sua ocorrência no mundo fenomênico, eles passam a ser denominados de fatos jurídicos (em contrapartida àqueles – sociais ou naturais – que não têm qualquer relevância para o Direito) e, caso não sejam levados ao conhecimento humano, serão qualificados como mero evento.

Nesse labor entendemos que uma norma é válida se fizer parte do sistema normativo. Se dele estiver fora, com ele não guardará vínculo.

Observe-se, entretanto, que a questão da validade da norma jurídica (se é qualidade da norma ou mera relação de pertinencialidade com o sistema) é uma questão zetética, como denuncia Tércio Sampaio Ferraz Jr.[3] É que, dependendo do sistema de referência adotado pelo intérprete, diferente será sua construção acerca do sentido e do conteúdo da expressão "validade de uma norma jurídica".

Deveras, se o intérprete entender que o sistema de direito positivo é formado por três subsistemas (fático, normativo e valorativo), à luz dos ensinamentos de Miguel Reale,[4] teremos uma solução; se o ser cognoscente, por outro lado, for adepto da teoria proposta por Hans Kelsen,[5] em que existência e validade são vocábulos que representam um único evento, seguramente diverso será o seu entendimento acerca da "validade" das normas jurídicas. E assim por diante.

Verifique-se, por exemplo, que Paulo de Barros Carvalho[6] sufraga o entendimento no sentido de que os conceitos de existência e validade

---

2. Sobre as acepções do conceito de direito e obrigação e poder e dever, remetemos o leitor ao Capítulo 4, item 4.1.1.
3. *Introdução ao Estudo do Direito*, pp. 193 e ss.
4. *Lições Preliminares de Direito*, pp. 60 e ss.
5. *Teoria Pura do Direito*, 2000.
6. *Curso de Direito Tributário*, pp. 78 e ss.

são equivalentes, validade não é um atributo da norma, mas, sim, da relação (de pertinencialidade) com o sistema em que está inserto. Celso Antônio Bandeira de Mello, em contrapartida, entende que a validade é a "adequação do ato às exigências normativas"[7] e, nessa medida, discorda de Kelsen pois, "para que se possa predicar validade ou invalidade de uma norma – relembre-se que, para Kelsen, um ato administrativo será uma *norma* individual – cumpre, antes, que ela exista. Este não é apenas um pressuposto lógico, mas especificamente jurídico".[8] E nesse ponto Weida Zancaner pondera com precisão, ao tratar dos atos administrativos, que: "A imperfeição não se confunde com a invalidade; o ato inválido é uma norma jurídica, o ato imperfeito é um fato jurídico. (...) os atos inválidos, por terem sido emanados em dissonância com o sistema jurídico-positivo, devem ser eliminados ou, quando possível, convalidados (...) os chamados atos imperfeitos não são atos; são, em verdade, fatos jurídicos e jamais podem ser convalidados ou sanados".[9]

A exemplo de Celso Antônio Bandeira de Mello, o professor pernambucano José Souto Maior Borges segrega os planos da existência e validade das normas jurídicas ao afirmar que "somente depois de existente a lei, pode ela revestir-se de validade ou invalidade, atributos que lhe são conferidos em função de sua compatibilidade ou não com o ordenamento jurídico do país";[10] embora, num segundo momento, tenha aparentemente reformado seu entendimento – alinhando-se ao pensamento kelseniano – para assentar que "existência e validade da norma jurídica são, assim, termos equivalentes. Demonstrar a existência da norma jurídica é demonstrar a sua validade",[11] razão por que "o ser válida é um atributo que se identifica com a existência da norma. A validade é o modo de existência específico da norma, pois é a referência, pela própria norma, ao espaço e ao tempo (...)".[12]

E justamente em razão dessas considerações, filiamo-nos àqueles que, como Weida Zancaner, Celso Antônio Bandeira de Mello, José Souto Maior Borges (em seu pensamento original) e Pontes de Miranda,[13] en-

---

7. *Curso de Direito Administrativo*, p. 360.
8. Idem, p. 360, vide, em especial, nota 12.
9. *Da Convalidação e da Invalidação dos Atos Administrativos*, p. 44.
10. *Lei Complementar Tributária*, pp. 36 e ss.
11. *Obrigação Tributária (uma introdução metodológica)*, p. 62.
12. Idem, p. 121.
13. *Tratado de Direito Privado*, p. 25.

tendem que o plano da existência e o da validade não se confundem. Essa é uma das premissas que fundeiam o presente estudo.

Essa breve consideração demonstra que o Direito – que, como instrumento destinado a regular a conduta humana, é um objeto cultural – manifesta-se por meio de uma camada de linguagem, não havendo falar em Direito sem a linguagem.

Sendo a norma jurídica o instrumento que o Direito conhece para regular a conduta intersubjetiva, reconhecemos nela um ato de comunicação (necessariamente veiculada por meio de linguagem). Vê-se, daí, que o ordenamento jurídico (conjunto de regras e princípios, dos quais o intérprete pode construir normas jurídicas) é um sistema de linguagem.

Conforme nos ensina Sainz Moreno,[14] por haver uma associação umbilical entre o Direito e a linguagem, só há falar em sistema de direito positivo nos limites da linguagem-objeto.

Deveras, não basta que o objeto de estudo exista no mundo empírico para que seja acolhido como fato jurídico e, portanto, relevante para o Direito. Sua relevância para o sistema de direito positivo surge com sua formalização em linguagem competente, tornando viável o processo de comunicação a que se destina o Direito.

Mas não se confunde forma com formalização do ato normativo.[15] Com efeito, ao tratar do tema de atos administrativos que, para nós, são atos normativos[16] (normas jurídicas, portanto), Celso Antônio Bandeira de Mello destaca que *"forma* é o revestimento exterior do ato; portanto, o modo pelo qual este aparece e revela sua existência. (...) não pode haver ato sem forma, porquanto o Direito não se ocupa de pensamentos ou intenções enquanto não traduzidos exteriormente. Ora, como *a forma é o meio de exteriorização do ato*, sem forma não pode haver ato".[17] Já

---

14. *Conceptos Jurídicos, Interpretación y Discricionalidad Administrativa*, p. 97.

15. E não se confunde formalização do ato normativo com a formalização da linguagem a que se refere Lourival Vilanova (*As Estruturas Lógicas e o Sistema de Direito Positivo*, pp. 55-57).

16. Entendemos que esse é o mesmo pensar de Oswaldo Aranha Bandeira de Mello, ao afirmar que "ainda pode se ter do ato administrativo um conceito lato, em que se envolvam manifestações de vontade de atos normativos, gerais, abstratos e impessoais (...)" (*Princípios Gerais de Direito Administrativo*, p. 462).

17. *Curso de Direito Administrativo*, p. 367 (destaques do autor).

a formalização "é um modo específico de apresentação da forma, ou seja, uma dada solenização requerida para o ato".[18]

A partir dessas premissas, reconhecemos a possibilidade de atos normativos ingressarem no ordenamento jurídico adotando distintas formalizações. Observe-se que, em regra, o ordenamento jurídico é inovado por norma jurídica formalizada em linguagem escrita (que reconhecidamente melhor resguarda o primado da segurança jurídica). Contudo, nada impede que o veículo utilizado para essa finalidade seja diverso, *e.g.*, emissão de sinais sonoros ou luminosos etc.

A possibilidade de as normas jurídicas serem formalizadas por meio de linguagem não-escrita é possível desde que autorizado pelo sistema de direito positivo. Daí porque Celso Antônio Bandeira de Mello, tratando dos atos administrativos (normas jurídicas em nosso entendimento), averba: "Normalmente, a formalização do ato administrativo é *escrita*, por razões de segurança e certeza jurídicas. Entretanto, há atos expressos por via oral (por exemplo, ordens verbais para assuntos rotineiros) ou por gestos (ordens de um guarda sinalizando o trânsito), o que, todavia, é exceção, ou, até mesmo, por sinais convencionais, como é o caso dos sinais semafóricos de trânsito".[19]

Adotando a classificação proposta por Oswaldo Aranha Bandeira de Mello, temos que o ato jurídico produzido pela "causa agente" pode revelar-se no mundo exterior de formas diversas, classificadas, segundo sua estrutura, em expressa ou tácita. Na primeira hipótese, a manifestação de vontade pode ser escrita, oral ou mímica, por sinal ou gesto, sendo que "a oral se encontra no matrimônio civil, com o acertamento, pelo juiz de casamento, da vontade das partes, e a declaração que os considera casados; ou na ordem aos promotores de comício, para que o interrompam. A mímica está na sinalização de trânsito, através dos sinais luminosos, ou no gesto do guarda, com o seu bastão, indicando-se, em ambas as hipóteses, o comportamento dos transeuntes".[20] Assim, a possibilidade de formalização de atos normativos por meio distinto da forma escrita é lógica e juridicamente possível.

Nesse sentido, a língua pode ser entendida como um sistema de signos por meio do qual se realiza a comunicação entre as pessoas. Ou-

---

18. Idem, ibidem.
19. Idem, p. 382 (destaques do autor).
20. *Princípios Gerais de Direito Administrativo...*, p. 497.

tros signos podem ser utilizados para a comunicação (*v.g.*, expressão corporal, mímica etc.), sendo a linguagem apenas um deles.[21] Desta forma, o direito positivo – e somente ele – pode eleger o signo hábil para implementar o processo de comunicação que lhe é inerente, tratando-se, pois, de questão de política legislativa (objeto que escapa do campo reservado ao estudo do cientista do Direito).

Assim, para que possamos descrever nosso objeto de estudo, é necessário que compreendamos e analisemos o seu instrumento (a linguagem) sob o plano sintático (conexão de uma expressão com outra expressão dentro do contexto), sob o semântico (conexão das palavras nas sentenças) e sob o pragmático (compreensão das sentenças pelos utentes). Cabe ao intérprete, por opção metodológica, preferir ou dar um grau maior de importância a um desses três métodos (sintático, semântico e pragmático) na descrição do sistema de direito positivo.

Daí por que, no caminho a ser trilhado pelo cientista, não é possível falar-se em purismo absoluto das premissas metodológicas adotadas para análise e conhecimento de um determinado objeto de estudo.[22] É que, muito embora a Ciência do Direito tenha por finalidade construir de maneira ordenada o sentido, o alcance e o conteúdo das regras e normas jurídicas existentes no direito positivo (mediante a utilização de linguagem descritiva), é necessário que se tenha em vista as estruturas do ambiente no qual essa atividade científica será realizada. E é justamente aí que a pureza metodológica mostra seu relativismo.

Segundo Miguel Reale, o direito positivo é a "estrutura normativa que ordena fatos segundo valores, numa qualificação tipológica de comportamentos futuros, a que se ligam determinadas conseqüências", razão por que "os *modelos jurídicos* se estruturam graças à integração de *fatos e valores* segundo normas postas em virtude de um ato concomitante de *escolha* e de *prescrição* (*ato decisório*)".[23]

21. Américo Masset Lacombe pensa da mesma forma ao assentar que "as normas jurídicas, já sabemos, são em si mesmas imperativas. Contêm um comando, uma ordem. Tal ordem ou comando pode-se exteriorizar de diversas formas: por gestos (um guarda de trânsito quando indica a direção a ser seguida ou determina a parada dos veículos), por sinais luminosos (semáforos) etc. A grande maioria, porém, é formulada por meio lingüístico, e no que concerne às normas gerais pode-se dizer que se exteriorizam deste modo, em sua totalidade" (*Princípios Constitucionais Tributários*, p. 53).
22. Verifique-se, a propósito, amplo e denso esclarecimento a respeito dessa matéria prestado por Marçal Justen Filho, em seu *Sujeição Passiva Tributária*, pp. 2-96.
23. *O Direito como Experiência*, pp. 162-163 (os destaques são do autor; atualizamos a redação).

Ora, se a análise do direito positivo demanda a compreensão dos valores prestigiados no produto legislado, é necessário que o intérprete busque identificar no ordenamento jurídico quais são esses valores, assim como qual a medida de sua extensão.[24]

Ocorre que esses valores, prestigiados pelo modelo normativo, não são identificados materialmente de maneira exaustiva. Vale dizer, em determinadas circunstâncias não é possível ao intérprete identificar qual é a opção legislativa adotada quando dois ou mais valores encontram-se em conflito (porque há, em nosso entendimento, princípios que se encontram em posição de primazia em relação aos demais).[25]

Nessas circunstâncias, conforme destaca Marçal Justen Filho, "todo cientista está obrigado a efetivar escolhas dentre hipóteses. A cientificidade de sua função não é desmerecida pela escolha – mas se afirma diante da *racionalidade* com que se efetiva tal escolha. O problema, portanto, não está em o jurista escolher significados ou soluções (seja no campo axiológico, seja fora dele), mas em evidenciar que sua opção não deriva de fatores meramente subjetivos, opinativos. Na medida em que evidencia que tal opção é a única (ou, quando menos, a mais) conforme com o todo do ordenamento jurídico (inclusive com referência aos valores fundamentais ali cristalizados), não se pode negar a racionalidade e a cientificidade da pesquisa".[26]

---

24. O Direito prestigia os valores veiculados nas normas jurídicas e não aqueles que levaram os representantes populares a aprovar o texto da lei. Com feito, concluído o procedimento legislativo, sendo este sancionado pelo Chefe do Poder Executivo e veiculado em órgão oficial de imprensa (dando a necessária e imprescindível publicidade à novel legislação), encerrou-se, neste aspecto, o exercício da função legislativa. A partir deste instante caberá: (i) à Administração, nas palavras de Seabra Fagundes (*O Controle dos Atos Administrativos pelo Poder Judiciário*, pp. 4-5), aplicar a lei de ofício; (ii) às pessoas, observarem os seus comandos; (iii) ao Judiciário, dirimir eventuais controvérsias que possam advir de sua aplicação; e (iv) ao Legislativo, se assim desejar, produzir lei veiculando em seu texto norma jurídica inovando o ordenamento jurídico ou, ainda, derrogando ou ab-rogando aquelas vigentes.

E justamente em razão disso, o cientista do Direito, ao interpretar o texto de lei, deve considerar a *ratio legis* e não a *ratio legislatoris*, mormente porque esta última tem relevância no curso do procedimento legislativo.

25. Esse é idêntico pensar de José Souto Maior Borges ("Princípio da segurança jurídica na criação e na aplicação do tributo", *Revista de Direito Tributário* 63/206-210) e Estevão Horvath (*O Princípio do Não-Confisco no Direito Tributário*, p. 19).

26. Marçal Justen Filho, *Sujeição Passiva Tributária*, pp. 27-28 (grifo no original).

O que se está a evidenciar com isso é que não existem verdades absolutas e postulados irrefutáveis no estudo das ciências humanas, quiçá em outras searas do conhecimento. O norte seguro a ser buscado e atingido pelo cientista na eleição dos postulados metodológicos adotados é a racionalidade e a imparcialidade. Deve o intérprete do Direito expor motivadamente os fundamentos jurídicos que o levaram a eleger tal ou qual método para descrever o sentido, o conteúdo e o alcance de normas construídas a partir da linguagem-objeto do direito positivo, num determinado momento do tempo e do espaço.[27]

A eleição de distintas premissas pode decorrer, outrossim, dos valores interpretativos de que o utente se vale para analisar o conteúdo dos veículos introdutores de normas.

A construção e descrição do conteúdo normativo veiculado no art. 146 da Constituição Federal, pelos mais relevantes segmentos do pensamento jurídico nacional, é a demonstração empírica da existência de interpretações cientificamente válidas, porquanto pautadas em postulados metodológicos e valorativos distintos.

A divergência surgida entre as denominadas correntes doutrinárias dicotômica e tricotômica surge, na visão de Tércio Sampaio Ferraz Júnior,[28] pela distinta noção de segurança jurídica que cada intérprete acolhe ao descrever o texto legislado do artigo mencionado acima, ainda que recentemente nova proposta dogmática tenha sido alinhavada por José Souto Maior Borges.[29]

Deveras, para autores como Geraldo Ataliba,[30] que prestigiam a segurança jurídica em seu viés isonômico, cumpre à norma geral a função de regular limitações constitucionais ao poder de tributar e aos con-

---

27. Não se trata de lição propriamente nova, já que Pontes de Miranda assinalava que "para que se saiba *qual* a regra jurídica que incidiu, que incide, ou que incidirá, é preciso que se saiba o que é que se diz nela. Tal determinação do conteúdo da regra jurídica é função do intérprete, isto é, do juiz ou de alguém, jurista ou não, a que interesse a regra jurídica" (*Tratado de Direito Privado*, p. 13).
28. "Segurança jurídica e normas gerais tributárias", *Revista de Direito Tributário* 17-18/51-56.
29. "Normas gerais de Direito Tributário, inovações do seu regime da Constituição de 1988", *Revista de Direito Tributário* 87/64-71.
30. "Normas gerais de Direito Financeiro e Tributário", *Revista de Direito Público* 10/45-80, e "Lei Complementar em matéria tributária", *Revista de Direito Tributário* 48/84-106.

flitos de competência. Os adeptos da linha tricotômica, ao acolherem a noção de segurança jurídica, concluem pela necessidade de taxativa enunciação dos princípios gerais e das limitações à liberdade das pessoas políticas para legislar em matéria tributária.

E, para Tércio Sampaio Ferraz, "esta ambigüidade está na base das disputas entre as tendências intervencionistas e liberais na compreensão do Direito. A primeira, vendo o Direito como um instrumento de controle social, em sentido amplo, enfatiza a necessidade de sistematização material, vendo a segurança do cidadão como uma função de segurança do Estado. A segunda, vendo também o Direito como um instrumento de controle social, enfatiza a necessidade da sistematização formal, vendo a segurança do Estado como uma função da segurança do cidadão",[31] razão por que "deste problema técnico está, por último, uma opção ideológica entre uma concepção mais liberal clássica e outra mais liberal centralizadora".[32]

Isso significa, em nosso pensar, que "reconhecer cabimento da opção não significa, então, liberar o jurista ao arbítrio do seu subjetivismo. Não é legitimado o jurista a adotar certa hipótese por reputá-la mais conforme com os próprios ideais, com os interesses particulares ou com as necessidades que visualiza individualmente. A heteronomia do Direito impede que assim seja. O ordenamento jurídico consagra os princípios e valores fundamentais – logo, esses princípios e valores fundamentais, consagrados constitucionalmente, hão de condicionar também o trabalho do intérprete. Ainda que discorde das opções preferidas nos modelos normativos, o intérprete há de sujeitar seu trabalho a elas. Entender diversamente conduziria a destruir o direito, a torná-lo desnecessário, reconhecendo a liberação individual".[33]

Ao cabo dessas considerações, concluímos que a investigação científica a que se propõe o intérprete visa à construção do seu próprio objeto de estudo a partir da demarcação dos limites de sua investigação. A Ciência do Direito, portanto, não atua sobre um dado fornecido, mas, sim, sobre um dado construído a partir de balizas traçadas por uma decisão metodológica. Ao contrário do que ocorre em outros ramos do conhecimento, em que o objeto do estudo é um dado cuja unidade é pres-

---

31. "Segurança jurídica e normas gerais tributárias", p. 52.
32. Idem, p. 56.
33. Marçal Justen Filho, *Sujeição Passiva Tributária*, p. 29.

suposta, para o cientista do Direito o seu objeto de estudo é o resultado do processo interpretativo, razão por que se diz que ele é, portanto, construído.

Somando-se a isso, é necessário que se tenha em mente que o legislador, ao veicular regras e princípios no ordenamento jurídico, utiliza-se, em geral, da linguagem natural para trazer segurança e ordem à sociedade. E isso porque, na medida em que os jurisdicionados compreendam o significado dos vocábulos e das expressões empregadas no texto legislado, estarão mais habilitados a construírem o sentido do comando por ele veiculado a fim de melhor observá-lo.

No entanto, trata-se de uma opção representativa de uma "via de mão-dupla". É que a utilização da linguagem natural pelo legislador traz como conseqüência o incremento da ambigüidade e vagueza das palavras e das orações empregadas. Por outro lado, a individualização extremada dos significados lingüísticos dificulta o processo de comunicação social, o que implica dizer que o conteúdo da lei não será compreendido pelo povo, mas, sim, por ele decifrado, o que não se espera nem tampouco se deseja.

E nem se diga que a melhor opção seria o emprego de vocábulos técnicos na produção normativa, porque (i) não se poderia desligá-los do seu sentido comum (e fatalmente vago e ambíguo);[34] e (ii) sempre haverá uma zona de penumbra, onde não se consegue precisar o verdadeiro significado, sentido e alcance dos vocábulos e orações.

Por essas razões, incumbe ao intérprete utilizar a hermenêutica para criar uma trilha segura capaz de espairecer a névoa que torna vago e ambíguo o sentido, significado e alcance dos vocábulos e das expressões no texto legislado, tornando-os determináveis e apontando, pois, para interpretação mais provável (a par da indeterminação existente no objeto a que o vocábulo faz referência). Nesse labor, o cientista do Direito deve aferir o contexto em que o vocábulo está sendo utilizado e, partindo das premissas metodológicas eleitas, apontar, por meio do processo de elucidação, qual o sentido em que passará a adotá-lo.

Conforme explicaremos em tempo oportuno, entendemos que, neste tema, existem duas ordens de incerteza: do conceito (vaguidade) e do

---

34. Conforme nos esclarece Tércio Sampaio Ferraz Júnior em sua obra *Introdução ao Estudo do Direito*, p. 255.

vocábulo ou da expressão utilizada para veicular o conceito no ordenamento jurídico (linguagem-objeto) ou descrevê-lo em metalinguagem (ambigüidade).

Para Lourival Vilanova, o conhecimento de um dado objeto está atrelado ao seu revestimento em linguagem já que "o ser-verde-da-árvore, que se dá num ato de apreensão sensorial, é base para outro ato, o de revestir esse dado numa estrutura de linguagem, na qual se exprime a relação conceptual denominada de proposição (...). Inseparáveis, mas discerníveis, são os seguintes componentes do conhecimento: a) o sujeito cognoscente; b) os atos de percepção e de julgar; c) o objeto de conhecimento (coisa, propriedade, situação objetiva); d) a proposição (onde diversas relações de conceitos formam estruturas)".[35]

Em última análise, cremos que a incerteza (vaguidade) funda-se no próprio objeto de conhecimento e não na palavra que o expressa. É que, se assim não fosse, bastaria substituir a proposição utilizada ou criar uma nova para que eventual ambigüidade fosse ceifada. Mas, por óbvio, que essa solução apenas turvaria o efetivo problema – determinação dos limites dos conceitos jurídicos – impossibilitando a construção de uma solução cientificamente válida.[36]

Com efeito, como expressa Hospers, citado por Augustín Gordillo, as palavras não são mais do que rótulos que apomos às coisas: "colocamos rótulos nas coisas para que possamos falar delas, e, daí por diante, as palavras não têm mais relação com as coisas do que têm rótulos de garrafas com as próprias garrafas. Qualquer rótulo é conveniente na medida em que nos ponhamos de acordo com ele e o usemos de maneira conseqüente. A garrafa conterá a mesma substância, ainda que coloquemos nela rótulo distinto, assim como a coisa seria a mesma ainda que usássemos uma palavra diferente para designá-la",[37] pois, como salientava Carlos Maximiliano, "não é nome que dá essência à coisa, a coisa é o que é pela sua morfologia ou elementos componentes".[38]

É bem verdade que a ambigüidade (da palavra ou expressão) e vaguidade (do conceito) podem turvar a apreensão da relação lógica (vín-

---

35. *As Estruturas Lógicas e o Sistema do Direito Positivo*, p. 37.
36. A respeito dos "conceitos indeterminados", vide abordagem de Estevão Horvath (*O Princípio do Não-Confisco no Direito Tributário*, pp. 34-37).
37. *Princípios Gerais de Direito Público*, p. 2.
38. *Comentários à Constituição Brasileira*, p. 194.

culos associativos) existentes entre os conceitos e a medida da sua efetiva extensão, o que poderia ser equacionado, em última análise, por meio da formalização da linguagem empregada, o que vem sendo feito à mão e de sobremão por adeptos de florescente doutrina.[39]

Contudo, pelas razões expostas, entendemos que a via da formalização da linguagem não permite equacionar esse problema servindo, a nosso ver, como um método adicional que agrega, e não ultima, esse labor investigativo.

Com efeito, imaginemos o seguinte e hipotético comando normativo – fartamente veiculado em linguagem escrita em nossos ônibus de transporte – cujo enunciado seja: "É proibido fumar cigarros dentro do ônibus". Formalizando esse enunciado – tal como proclama essa teoria –, abandonaríamos o conteúdo concreto de significações desse enunciado proibitivo e substituiríamos as palavras veiculadas por signos convencionalmente estabelecidos por meio da simbolização da linguagem.

Verifique-se, no entanto, que, por meio dessa formalização da linguagem, chegaríamos à irrefutável conclusão de que dentro daquele veículo de transporte seria possível fumar cigarrilhas, charutos, cachimbos etc. É que o abandono do conteúdo concreto de significação da expressão "fumar cigarro", substituindo-a por signos convencionalmente estabelecidos, será inevitavelmente distinto daquele representativo da locução formalizada da expressão "fumar cigarrilha", "fumar charuto", "fumar cachimbo" etc.

Seria, então, a formalização da linguagem o expediente hábil para descrever adequadamente o sentido, conteúdo e alcance das construções normativas construídas a partir do nosso objeto de estudo? Pensamos que sim, mas não exclusivamente.

Em nosso juízo, esse recurso interpretativo pode e deve ser utilizado como uma das etapas do processo de interpretação dos comandos normativos não sendo, entretanto, seu fim.

39. Para o mais expoente propagador dessa doutrina, "(...) formalizar implica um salto para o domínio das formas lógicas e tal procedimento se dá pelo deliberado abandono dos conteúdos concretos de significação, substituindo as palavras e expressões da linguagem de que tratamos por signos convencionalmente estabelecidos, portadores de um mínimo semântico, qual seja o de representar um sujeito qualquer, um predicado qualquer, uma proposição qualquer, um sistema qualquer" (Paulo de Barros Carvalho, "Formalização da linguagem proposições e fórmulas", p. 145).

Essa observação temperada encontra eco nas lições do jusfilósofo Recaséns Siches para quem é necessário utilizar a lógica do razoável para, acrescido de outras técnicas de interpretação, ser possível descrever o espírito da lei. O raciocínio desse professor espanhol é primoroso, razão por que o transcrevemos na íntegra:

"Na plataforma de embarque de uma estação ferroviária da Polônia havia um letreiro que transcrevia um artigo do regulamento ferroviário cujo texto rezava: 'É proibido entrar na plataforma com cachorros'. Ocorre que, certa vez, alguém ia entrar acompanhado de um urso. O funcionário que vigiava a porta lhe impediu o acesso. A pessoa acompanhada do urso protestou dizendo que aquele artigo do regulamento somente proibia ingressar na plataforma com cachorros, não, porém, com outra espécie de animais; deste modo surgiu um conflito jurídico centrado em torno da interpretação daquele artigo do regulamento. (...)

"Com as obras de Aristóteles, de Bacon, de Stuart Mill, de Sigwart, ou, inclusive, de Husserl em mãos, não se encontraria maneira de converter um urso em um cachorro, e teríamos que dar razão ao obstinado camponês que queria entrar na plataforma com o urso.

"Entretanto, não só o jurista, mas, inclusive qualquer leigo em matéria de Direito, dotado, porém, de senso comum, haveria de reputar como descabida esta interpretação, ainda que ela seja incontroversamente correta, a única absolutamente correta do ponto de vista da lógica tradicional. Este caso, certamente tão simples, constitui um impressionante sintoma do fato de que, pelo visto, a lógica tradicional é inadequada, ao menos em uma parte, para iluminar-nos na interpretação do conteúdo dos preceitos jurídicos.

"A observação deste caso nos sugere, de modo insuperável, as veementes suspeitas de que há problemas de interpretação jurídica para os quais a lógica tradicional não nos serve; antes, produz conseqüências disparatadas. Por quê? Porque a lógica tradicional é meramente enunciativa do ser e do não ser, porém não contém pontos de vista de valor, nem apreciações sobre a correção dos fins, nem sobre a congruência entre meios e fins, nem sobre a eficácia dos meios em relação a um determinado fim."[40]

---

40. *Filosofía del Derecho*, pp. 645-646 (tradução nossa).

Na mesma trilha professora Celso Antônio Bandeira de Mello, para quem "de um dispositivo legal não se pode extrair nem resultados alheios à razão de existir da norma, nem que prejudiquem desnecessariamente interesses, maiormente quando públicos, se disto não resultar proveito para quem quer que seja, nem que conduzam a incongruências ou ilogismos".[41]

E justamente por força dessas considerações, entendemos, com toda consideração e respeito dos adeptos da prestigiosa e magnífica teoria do realismo lingüístico, que a questão capilar para adequada construção do tema proposto deve centrar esforços em outras searas da hermenêutica (sem, contudo, esquecê-la). Por eleição metodológica, preferimos solução distinta, atento às advertências de José Juan Ferreiro Lapatza.[42]

Com base nessas considerações vestibulares, iniciamos nossos estudos sobre a base empírica que nos é fornecida – qual seja, o ordenamento jurídico –, procurando descrever o seu conteúdo e significação do nosso objeto de estudo (sob o plano semântico, sintático e pragmático) para,

41. "Extensão das alterações dos contratos administrativos: a questão dos 25%", *Revista Brasileira de Direito Público* 1/58. E mais adiante, nesse mesmo texto, à p. 60, Celso Antônio Bandeira de Mello averba que "(...) o conhecimento das leis não é o da simples dicção de suas palavras, mas a força que traduzem. É possível obedecer-se formalmente um mandamento, mas contrariá-lo em substância, pois '*Littera enim occidit spiritus autem vivificat*' (São Paulo aos Coríntios, Epístola II, Cap. III, vers. 6). Assim, o espírito da regra é o que lhe dá vida, já que a literalidade dela pode, pelo contrário, fazer permitir seu sentido em dados casos concretos".

42. Para Lapatza: "Parece, por lo demás, claro que la capacidad delimitadora de una norma o una teoría depende, también, del rigor con que en ella se utilicen los conceptos y términos técnicos elaborados por la Ciencia del Derecho. Y respecto ya al lenguaje técnico parece posible remarcar la necesidad de utilizar – tanto en las normas como en la argumentación jurídica – un lenguaje claro, sencillo, coherente y preciso que debería, quizás, responder a las siguientes recomendaciones:

"El lenguaje técnico-jurídico ha de alejarse lo menos posible del lenguaje usual. Pues el legislador no puede olvidar que las normas jurídicas se dirigen a la generalidad de los ciudadanos y que son ellos los que tienen que comprenderlas, acatarlas y cumplirlas. Sólo un lenguaje claro y sencillo (...), puede hacer que el ciudadano participe plenamente en el orden jurídico-social.

"El lenguaje técnico-jurídico a utilizar en el ámbito tributario ha de alejarse lo menos posible del lenguaje técnico-jurídico utilizado en el resto del ordenamiento para procurar la imprescindible coherencia del conjunto.

"El lenguaje técnico-jurídico ha de ser preciso, en el sentido hace un momento apuntado de tener 'capacidad delimitadora de la realidad social' a la que quiere referirse" ("Los Esquemas Dogmáticos Fundamentales del Derecho Tributario", *Revista de Direito Tributário* 82/9-10).

então, investigarmos as normas jurídicas que veiculam prescrições relativas aos princípios republicano, federativo, da isonomia, da legalidade, do devido processo legal, da proporcionalidade e da razoabilidade.

Passemos, então, à análise do que se entende por sistema, de maneira que sejam apontadas e justificadas as premissas metodológicas adotadas no estudo do tema proposto.

1.2 O Direito como um sistema

Enquanto o Direito tem por finalidade regular as condutas intersubjetivas por meio das normas jurídicas, a Ciência do Direito procura compreender a totalidade dos elementos que compõe o ordenamento jurídico e a forma como eles interagem, em relações de coordenação e subordinação, isto é, de maneira sistemática.[43]

A noção de sistema tem sido analisada de forma sortida e variada pela doutrina em razão dos seus mais diversos significados.[44] Preferimos, por opção metodológica e para fins de elucidação, aderir àquela traçada pelo mestre Geraldo Ataliba segundo o qual "o caráter orgânico das realidades componentes do mundo que nos cerca e o caráter lógico do pensamento humano conduz o homem a abordar as realidades que pretende estudar, sob critérios unitários, de alta utilidade científica e conveniência pedagógica, em tentativa do reconhecimento coerente e harmônico da composição de diversos elementos em um todo unitário, integrado em uma realidade maior. A esta composição de elementos, sob perspectiva unitária, se denomina *sistema*".[45]

---

43. Alf Ross fornece a nota essencial de descrição do ordenamento jurídico ao assentar que "a tarefa da ciência do direito é expor o direito vigente. Esta tarefa requer que a exposição possua um *sistema*, que a ordem e a conexão nas quais o material é apresentado sejam dispostos segundo um plano definido.

"O ordenamento sistemático é valioso, primeiramente, por razões práticas: é essencial por questão de clareza, a título de meio de entrever o caminho no complexo tema do direito (...). O sistema também serve de fundamento para uma divisão do estudo do direito que, pelo menos na atualidade, é indispensável.

"A organização sistemática é valiosa, também, por razões teóricas. Se baseada em critérios relevantes, ajuda o estudioso a analisar o material jurídico, revela problemas e exibe semelhanças e diferenças ocultas" (*Direito e Justiça*, p. 239).

44. Conforme esclarecem Paulo de Barros Carvalho (*Curso de Direito Tributário*, pp. 127-140) e Maria Helena Diniz (*As Lacunas no Direito*, pp. 89-118).

45. *Sistema Constitucional Tributário Brasileiro*, p. 4.

Vemos, pois, que o sistema – em qualquer plano de investigação científica – é composto de elementos que integram um todo unitário, os quais se encontram interligados por uma perspectiva unitária que lhe atribui coerência.[46] Nesse sentido, Pontes de Miranda assinalava que: "Interpretar leis é lê-las, entender-lhes e criticar-lhes o texto e revelar-lhes o conteúdo. Pode ela chocar-se com outras leis, ou consigo mesma. Tais choques têm de ser reduzidos, eliminados; nenhuma contradição há de conter a lei. O sistema jurídico, que é sistema lógico, há de ser entendido em toda sua pureza".[47] Não estamos, com isso, afirmando que o sistema do direito positivo é harmônico.

A possibilidade de existência no ordenamento jurídico de normas incompatíveis entre si no mesmo espaço e, no mesmo momento, no tempo é uma realidade. A coerência, portanto, não é um postulado inerente ao Direito (tal como, para nós, é a norma jurídica fundamental),[48] mas, sim, à Ciência do Direito.

Essa harmonia existe apenas no plano sintático (relação dos signos entre si). É que o princípio da não-contradição, que guia a lógica da linguagem descritiva, não admite a existência, ao mesmo tempo, no interior

---

46. Daí porque, para Maria Helena Diniz, "(...) o direito não é um sistema jurídico, mas uma realidade que pode ser estudada de modo sistemático pela Ciência do Direito. É indubitável que a tarefa mais importante do jurista consiste em apresentar o direito sob uma forma ordenada ou 'sistemática', para facilitar o seu conhecimento, bem como seu manejo por parte dos indivíduos que estão submetidos a ele, especialmente pelos que o aplicam" (*As Lacunas no Direito*, cit., p. 26), muito embora para Paulo de Barros Carvalho "(...) o direito posto há de ter um mínimo de racionalidade para ser compreendido pelos sujeitos destinatários, circunstância que lhe garante, desde logo, a condição de sistema" (*Curso de Direito Tributário*, p. 128).

Entendemos, em abono ao entendimento sufragado pela ilustre filósofa, que a possibilidade de construção mental do sentido, conteúdo e alcance das prescrições normativas, fruto de ato psicológico e inventivo da espécie humana, não pode transbordar estes estritos limites e atribuir ao seu objeto de estudo a condição de sistema. No entanto, em outra acepção do vocábulo "sistema" (plurissignificativa), é possível entender que *"o direito positivo não é, tende a ser um sistema. Não é mero agregado de disposições normativas, simples justaposição de preceitos, caótico feixe de normas.* A própria finalidade que tem de *ordenar racionalmente a conduta humana* sujeita-o às exigências da racionalidade, de que a lógica é a expressão mais depurada" (Lourival Vilanova, *As Estruturas Lógicas e o Sistema de Direito Positivo*, p. 173 – grifos no original).

47. *Tratado de Direito Privado*, p. 16.

48. Esta teoria, como sabemos, decorre do genial e inovador pensamento do jurista tcheco-eslovaco Hans Kelsen (*Teoria Pura do Direito*, pp. 215 e ss.).

do seu sistema, de duas proposições contraditórias. A possibilidade de contradição, portanto, existe apenas no plano semântico e pragmático.[49]

O que fazer, contudo, se ao descrever o sistema de direito positivo o cientista do Direito constata a existência de uma antinomia? Deve o jurista permanecer inerte e restringir sua atuação ao campo meramente descritivo ou, pelo contrário, deve apontar uma possível solução para a resolução do conflito entre as prescrições normativas veiculadas em texto de lei?

Em nosso entendimento, a resposta a esta pergunta foi adequadamente fornecida pela Professora Maria Helena Diniz ao esclarecer que: "As antinomias jurídicas aparecem como elementos do sistema jurídico, cuja construção requer a resolução dos conflitos normativos, pois todo o sistema deve e pode alcançar uma coerência interna. Por isso a moderna epistemologia procura racionalizar a atividade científico-jurídica, que deve buscar a coerência lógica, condição necessária do pensamento jurídico (...). O sistema normativo deverá ser coerente, devendo, por isso, não apresentar quaisquer contradições lógicas nas assertivas, sobre os preceitos normativos para garantir a segurança na aplicação jurídica".[50]

---

49. Este entendimento, contudo, não é unânime na doutrina. Kelsen, por exemplo, não admite a existência de contradição no direito positivo já que adota a premissa de que, se a Ciência do Direito aceitar as contradições supostamente existentes dentro do ordenamento jurídico, não poderá constituir-se como um sistema de conhecimento autoconsistente. Por outro lado, Lourival Vilanova (*As Estruturas Lógicas e o Sistema do Direito Positivo*, pp. 185-207) manifesta-se no sentido de que a experiência demonstra a existência de contradição entre proposições normativas, as quais são elimináveis pelo princípio extralógico da hierarquia normativa, da sucessão temporal e da especialidade normativa (também sugeridos por Norberto Bobbio em sua obra *Teoria do Ordenamento Jurídico*).
50. *Norma Constitucional e seus Efeitos*, pp. 124-125.
Observe-se que o jurisperito Lourival Vilanova aborda a questão por outra perspectiva ao asseverar que "Há duas vias para eliminar as contradições normativas: uma, dada pelo próprio sistema jurídico; outra, pela ciência jurídica (...) o que a ciência faz é tomar o dado e descrevê-lo em proposições teóricas. O dado é o sistema S, que, admitamos, contém N e não-N. Sobre o *sistema-objeto* fala o *sistema-da-ciência*, mediante proposições descritivas. Estas, explícita ou implicitamente, se compõem de cláusula 'de acordo com o sistema S' (em conformidade com ou consoante o sistema de Direito positivo). Agora, não incorrerá em contradição afirmar: 'de acordo com o sistema S, são válidas (ou existentes no sistema) as normas N e não-N '. O que a proposição afirma é a existência de *normas simultaneamente válidas, mas contraditórias*" (*As Estruturas Lógicas e o Sistema de Direito Positivo*, pp. 202-204 – destaques no original).

Além da coerência, a perspectiva unitária do ordenamento deve ser identificada pela análise dos elementos que compõem o todo unitário. De fato, entre as partes identificáveis no ordenamento jurídico, incumbe ao intérprete apurar aquelas que lhe atribuem coerência e harmonia caracterizando-se, por isso, como elementos aglutinantes ou, como preferimos, em princípios.

É que, por questão de premissa metodológica, entendemos que a unidade do ordenamento jurídico pressupõe que todas as normas nele existentes derivem de uma mesma fonte. Daí por que seus elementos integrantes (do sistema) devem estar dispostos de maneira hierárquica para que se verifique a conformidade e a adequação às normas que lhe são hierarquicamente superiores (a pirâmide normativa Kelseniana).[51]

Nessa medida, impende ressaltar que, nos valendo dos ensinamentos de Geraldo Ataliba: "O sistema jurídico (...) tem profunda harmonia interna. Esta se estabelece mediante uma hierarquia segundo a qual algumas normas descansam em outras, as quais, por sua vez, repousam em princípios que, de seu lado, se assentam em outros princípios mais importantes. Dessa hierarquia decorre que os princípios maiores fixam as diretrizes gerais do sistema e subordinam os princípios menores. Estes subordinam certas regras que, à sua vez, submetem outras".[52]

Já é tempo, portanto, de definirmos o que entendemos por princípios e regras para que possamos aquilatar sua importância para o estudo do direito positivo como um sistema de direito.

1.3 A função dos princípios

O conteúdo significativo de um princípio, como tantos outros, é plurissignificativo. Segundo esclarece Estevão Horvath,[53] hospedado nas lições de Genaro Carriò,[54] há sete possíveis significações desse conceito a saber: (i) parte ou ingrediente importante de algo; (ii) regra, guia, orientação ou indicações gerais; (iii) fonte geradora; (iv) finalidade; (v) premissa; (vi) regra prática de conteúdo evidente; e, por fim, (vii) máxima.

---

51. *Teoria Pura do Direito*, pp. 246 e ss.
52. *República e Constituição*, p. 33.
53. *O Princípio do Não-Confisco no Direito Tributário*, p. 21.
54. *Princípios Jurídicos e Positivismo Jurídico*, 1970.

Em razão do processo de elucidação, necessário à adequada descrição científica do seu objeto de estudo, empregamos esse vocábulo para designar o conteúdo significativo de princípio no mesmo sentido construído por Celso Antônio Bandeira de Mello, para quem princípio "é, por definição, mandamento nuclear de um sistema, verdadeiro alicerce dele, disposição fundamental que se irradia sobre diferentes normas compondo-lhes o espírito e servindo de critério para sua exata compreensão e inteligência exatamente por definir a lógica e a racionalidade do sistema normativo, no que lhe confere a tônica e lhe dá sentido harmônico".[55]

Em razão dessa sua especial finalidade, "qualquer disposição, qualquer regra jurídica (...) para ser constitucional, necessita estar afinada com o princípio (...) realizar seu espírito, atender à sua direção estimada, coincidir com seu elemento axiológico, expressar seu conteúdo. Não se pode entender corretamente uma norma constitucional sem atenção aos princípios consagrados na Constituição e não se pode tolerar uma lei que fira um princípio adotado na Carta Magna. Violar um princípio é muito mais grave do que transgredir uma norma qualquer. A desatenção ao princípio implica ofensa não apenas a um específico mandamento obrigatório, mas a todo sistema de comandos. É a mais grave forma de ilegalidade ou inconstitucionalidade, conforme escalão do princípio atingido, porque representa insurgência contra todo o sistema, subversão dos seus valores fundamentais, contumélia irremissível a seu arcabouço lógico e corrosão de sua estrutura mestra".[56]

---

55. *Curso de Direito Administrativo*, pp. 888-889.
56. Celso Antônio Bandeira de Mello, "Criação de secretarias municipais", *Revista de Direito Público* 15/285.
No mesmo sentido professorado pelo mestre paulista, o constitucionalista norte-americano Thomas Colley asseverava, no início do século XIX, que a Constituição "(...) é uma lei para os governantes e para os governados, tanto na guerra como na paz e, com o escudo da sua proteção ampara todas as classes sociais, em todos os tempos e em quaisquer circunstâncias. Portanto os seus princípios não podem ser postos de lado sob o pretexto de que assim convém para fazer frente a suposta necessidade criada pelas grandes crises: 'Nenhuma doutrina capaz das mais perniciosas conseqüências jamais engendrou o espírito humano como aquela, segundo a qual qualquer de suas disposições pode ser suspensa em virtude de grandes exigências governamentais. Tal doutrina conduz diretamente ou à anarquia ou ao despotismo; a teoria da necessidade, em que se baseia, é falsa, porque o Governo tem, na Constituição, todos os poderes necessários à preservação da sua existência' (...)" (*Princípios Gerais de Direito Constitucional dos Estados Unidos da América do Norte*, p. 32).

Não se nega que o Texto Constitucional fornece as linhas mestras para compreensão sistemática do ordenamento jurídico, como assinalou Celso Antônio Bandeira de Mello, mas atrelada a essa magnífica construção segue-se o questionamento: qual a eficácia do princípio constitucional em nosso ordenamento jurídico? É mera recomendação? Deve ser observado por aquele a quem o direito positivo atribuiu a função de introdutor de normas jurídicas no sistema?

1.3.1 Princípios e normas jurídicas (suas espécies e subespécies)

Diferenciamos, dentro do ordenamento jurídico, as *simples regras* – que são meros elementos dentro da perspectiva de sistema – dos *princípios* – que são as linhas mestras que conferem harmonia e coerência ao ordenamento jurídico em razão de sua finalidade aglutinante –, e estes (princípios), das *normas jurídicas stricto sensu* – que são as significações que se constroem a partir da análise do texto do direito positivo, tendo por finalidade regular a conduta intersubjetiva. Expliquemos.

Todos esses elementos componentes do direito positivo – *regras, princípios e normas jurídicas stricto sensu* – são, em nosso entendimento, *normas jurídicas lato sensu*, porque aptas a regular, em diferentes graus de intensidade e extensão, a conduta entre as pessoas.[57]

A doutrina abalizada construiu diferentes critérios para segregar as diversas normas existentes na perspectiva unitária do ordenamento jurídico. E isso porque, como bem notou Geraldo Ataliba:

"Enunciados legais há que, por si sós, não constituem norma, mas que completam uma norma, redefinindo, alterando, ou acrescentando uma hipótese legal. Cuidam da parte da norma designada hipótese.

"Limitam-se a fixar pressupostos, qualificar um aspecto (subjetivo ou objetivo, ou ambos) de uma hipótese, ou a articular duas ou mais normas."[58]

---

57. Daí por que assiste razão a Estevão Horvath quando assevera que "Hodiernamente aceita-se que tanto os princípios como as 'simples regras' são igualmente normas jurídicas, o que vem a significar, de pronto, que tanto uns quanto outras são imperativos, no sentido de que determinam, permitem ou proíbem condutas" (*O Princípio do Não-Confisco no Direito Tributário*, p. 27).
58. *Hipótese de Incidência Tributária*, p. 27.

Outros, como Paulo de Barros Carvalho,[59] entendem que a nota segregadora é a distinção entre norma jurídica (proposição construída em juízo hipotético) daquelas proposições formuladas em juízos categóricos (que, nas palavras de Geraldo Ataliba, qualificam sujeitos ou objeto).

Em nosso pensar a *norma jurídica stricto sensu* é composta – para fins de estudos – pela relação entre antecedente e conseqüente normativo. No antecedente normativo encontramos as coordenadas de tempo, de espaço e material – ou, como preferimos, respectivamente, aspecto temporal, aspecto espacial e aspecto material –, que descrevem as notas que permitem identificar ou reconhecer um fato como sendo jurídico. Já no conseqüente normativo identificamos os critérios necessários e suficientes para apurarmos os sujeitos que se encontram na contingência de cumprir com determinada prestação.

Essa construção mental descrita em metalinguagem demonstra que a *norma jurídica stricto sensu* é formulada por meio de proposição hipotético-condicional, o que não ocorre com as *regras* e com os *princípios*.

Imaginemos que uma lei (aqui entendida como veículo introdutor de novos elementos no direito positivo) veicule em seu conteúdo comando isentando determinado rol de pessoas de uma exação qualquer (isenção subjetiva). Nessa hipótese, o elemento veiculado na lei apenas buliu um dos aspectos da norma geral e abstrata de tributação (no seu critério pessoal).

A *regra* é, portanto, um juízo categórico – e não hipotético – que pode integrar-se ou não a uma *norma jurídica stricto sensu*. Daí porque importa salientar que a proposição que a veicule não será formulada em juízo hipotético, mas, sim, em juízo categorial, sendo esse elemento o primeiro critério classificatório das espécies de *normas jurídicas lato sensu*. Há ainda um segundo critério: sua relevância para o Direito como mandamento informado.

Nessa medida, Joana Lins e Silva, entusiástica disseminadora da função da linguagem para o Direito, anota que os princípios, "por serem apenas um *fragmento de norma*, não dispõem de condições suficientes para serem aplicados isoladamente, mas participam da construção de comandos normativos",[60] o que atesta que a proposição que o veicula não é formulada em juízo hipotético condicional (hipótese e mandamento).

---

59. *Teoria da Norma Jurídica*, pp. 55-56.
60. *Fundamentos da Norma Tributária*, p. 83.

Por meio desse segundo critério, a *regra* especialmente relevante para o Direito passa a ser conceituada como *princípio*, embora as duas sejam veiculadas em proposições categoriais.

Assim, diferencia-se a *regra* (veiculada em proposição categorial sem função de primazia para o Direito), do *princípio* (formulado em proposição categorial com função de primazia para o Direito), e a *norma jurídica stricto sensu* (formulada em juízo hipotético-condicional, segundo o qual, dado um fato qualquer, dever-ser é uma conseqüência), ainda que todas sejam *normas jurídicas lato sensu*, eis que são instrumentos de que se vale o Direito para regular a conduta intersubjetiva.

Contamos, em certa medida, com prestigioso entendimento de Tércio Sampaio Ferraz Júnior,[61] para quem princípios são prescrições genéricas, que se especificam em regras. Não há que se confundir estes dois institutos dogmáticos, pois (i) os princípios não exigem comportamento específico, ao passo que as regras são determinadas a essa espécie de comportamento; (ii) os princípios enunciam apenas uma ou algumas razões de decidir em determinado sentido, sem contudo obrigar uma decisão particular, enquanto as regras estabelecem condições necessárias para sua aplicação; e (iii) aos princípios aplica-se o conceito de legitimidade, já nas regras é o da validade.[62]

De qualquer forma, reconhecemos que a questão não é pacífica, mormente porque as ilustradas vozes de Paulo de Barros Carvalho[63] e Américo Lourenço Masset Lacombe[64] vislumbram o princípio como proposição formulada em juízo hipotético condicional, pois "a hipótese é estar sob a ordem jurídica brasileira, tendo como conseqüência o enunciado principiológico".[65]

---

61. "Princípios condicionantes do Poder Constituinte Estadual em face da Constituição Federal", *Revista de Direito Público* 92/36-38.
62. Daí por que escreve Estevão Horvath: "(...) entendemos princípios como sendo normas jurídicas como as demais. Há, portanto, segundo acreditamos, duas espécies de normas jurídicas: *a)* as regras (ou normas jurídicas em sentido estrito) e *b)* os princípios. Canotilho resume bastante bem essa idéia ao dizer: 'A teoria da metodologia tradicional distinguia entre *normas e princípios*'. Abandonar-se-á aqui esta distinção para, em substituição, sugerir: (1) as regras e princípios são duas espécies de normas; (2) a distinção entre regras e princípios é uma distinção entre duas espécies de normas" (*O Princípio do Não-Confisco no Direito Tributário*, p. 22).
63. "Sobre os princípios constitucionais", *Revista de Direito Tributário* 55/149.
64. *Princípios Constitucionais Tributários*, p. 13.
65. Idem, ibidem.

Existem princípios, contudo, que, por sua função de primazia, encontram-se em patamar hierarquicamente superior aos demais existentes no ordenamento jurídico, conformando os limites da produção normativa (seja em atos que inovam em caráter inaugural o ordenamento jurídico, os quais devem ser veiculados por meio de lei em seu sentido formal, seja na aplicação da lei por meio de produção de norma individual e concreta pelo órgão credenciado pelo ordenamento jurídico) e servindo de baliza à descrição do Direito como um sistema harmônico.[66]

Daí por que Estevão Horvath assevera com precisão que "(...) toda interpretação deve ter como ponto de partida os princípios, mas também os tem como *ponto de chegada*. Significa isso dizer que o intérprete deve arrancar do princípio ao buscar o Direito aplicável à situação concreta, pois ele (princípio) o informará acerca do caminho a percorrer. Ao final do percurso interpretativo, deverá o jurista (*lato sensu*) verificar se o resultado alcançado (a sua decisão quanto ao que diz o Direito naquele caso) se coaduna com o(s) princípio(s) que iluminou (iluminaram) o seu caminho".[67]

E por tais razões dissertar sobre a eficácia dos princípios constitucionais é construir um específico atributo dessas *normas jurídicas lato sensu* que se encontram em posição de primazia no sistema de direito positivo por informarem as demais normas jurídicas *lato sensu* existentes.

1.3.2 A eficácia dos princípios constitucionais

Pela doutrina de Tércio Sampaio Ferraz,[68] o termo "eficácia" predica a produção dos efeitos de uma norma jurídica a depender de requisitos fáticos ou técnico-normativos. Terá eficácia social quando encontrar no mundo fenomênico condições para irradiar os seus efeitos normativos. Caso seus destinatários e o Poder Judiciário não observarem seu conteúdo normativo, então ela será socialmente ineficaz.[69] A eficácia da norma

---

66. A respeito do tema, sugerimos a leitura da obra de José Afonso da Silva, *Curso de Direito Constitucional Positivo*, pp. 91-96.
67. *O Princípio do Não-Confisco no Direito Tributário*, p. 26.
68. *Introdução ao Estudo do Direito*, pp. 193-199.
69. O art. 229 do CP prescreve a aplicação da pena de reclusão pela conduta do agente que mantenha, por conta própria ou de terceiro, lugar destinado a encontros para fim libidinoso, com intuito de lucro ou não. Se essa prescrição normativa fosse socialmente eficaz, os proprietários ou gerentes dos motéis seriam penalmente puníveis. Con-

pode, ainda, depender de plantel normativo para que possa irradiar os seus efeitos normativos (hipótese em que teremos a eficácia técnico-normativa).

Num primeiro momento, entendeu-se que os mandamentos constitucionais veiculadores de princípios, para serem executáveis, demandavam a produção de legislação ulterior.[70] No entanto, como salientava Geraldo Ataliba,[71] é fundamental reconhecer o caráter normativo de disposição constitucional ainda que seja para suspender a eficácia das normas infraconstitucionais que contrastem com seu sentido.

Hodiernamente o panorama doutrinário modificou-se,[72] pois existem aqueles que, como José Afonso da Silva, trabalham com o conceito de eficácia jurídica como "*a qualidade de produzir, em maior ou menor grau, efeitos jurídicos, ao regular, desde logo, as situações, relações e comportamentos de que cogita*; nesse sentido, a eficácia diz respeito à aplicabilidade, exigibilidade ou executoriedade da norma, como possibilidade de sua aplicação jurídica",[73] para segregarem as normas constitucionais de eficácia (i) plena, (ii) contida e (iii) limitada.[74]

Para os adeptos dessa classificação, são de eficácia plena aquelas normas constitucionais – qualificáveis em nossa classificação como princípios ou regras – que não necessitem de qualquer integração legislativa infraconstitucional, estando credenciadas a desencadear de imediato os seus efeitos jurídicos mediante a produção de normas individuais e concretas. As normas de eficácia contida estão credenciadas a regular relações intersubjetivas até que sobrevenha norma jurídica *lato sensu* infraconstitucional limitando ou restringindo aqueles fatos que podem ser por ela regulados. Por fim, as normas de eficácia limitada (de princípio institutivo ou programático) não produzem todos os seus efeitos de imediato, necessitando de ulterior produção normativa.

tudo remansosa jurisprudência firmou entendimento que essa conduta é socialmente aceita não havendo falar na prática de crime nessa hipótese. Trata-se, pois, de norma jurídica socialmente ineficaz.
    70. Esse era, por exemplo, o pensamento de Ruy Barbosa (*Ação Cível Originária n· 7*, p. 31).
    71. *Lei Complementar na Constituição*, p. 18.
    72. Aceita, outrossim, no plano pragmático (Supremo Tribunal Federal – MI 438-2-GO).
    73. *Aplicabilidade das Normas Constitucionais*, p. 66 (destaques do autor).
    74. Idem, pp. 101 e ss.

Não obstante, as classificações existentes das normas constitucionais,[75] optamos, por questão metodológica, pela construída por Celso Antônio Bandeira de Mello,[76] para quem as normas constitucionais diferem entre si em razão do teor de aplicabilidade imediata ou quanto à consistência dos direitos subjetivos que outorgam. Vale dizer que certas proposições constitucionais outorgam certos direitos subjetivos que podem ser usufruídos imediata e positivamente, independentemente de produção normativa ulterior, ao passo que em outras dependem dessa sobredita normatização.

Com fundamento nesse critério de classificação, o festejado publicista segrega as proposições constitucionais em (i) normas que conferem poderes aos administrados independentemente de prestação alheia (sem a necessidade do surgimento de uma relação jurídica no mundo fenomênico), outorgando de imediato uma utilidade concreta consistente em um desfrute positivo (como, por exemplo, o poder de ir e vir, inviolabilidade do domicílio) aliado à prerrogativa de exigir que se afaste a conduta de outrem que a embarace ou perturbe; (ii) normas que conferem poderes aos administrados, mas dependem de prestação alheia; e, por fim, (iii) regras constitucionais que, sem indicar os caminhos a serem seguidos pelo legislador ordinário, veiculam em seu conteúdo uma finalidade a ser cumprida obrigatoriamente pelo Poder Público. Essas normas constitucionais podem, por seu turno, admitir ou não restrição dos direitos ou poderes subjetivos constitucionais.

Em comum, temos que todas essas classificações lograram demonstrar que as normas constitucionais possuem, dependendo da espécie, eficácia. E sendo o princípio constitucional uma norma constitucional (em sua acepção *lato sensu*), ele também possui seu grau eficacial dependendo da classificação eleita pelo cientista do Direito.

Constatado que determinadas prescrições normativas (gerais e abstratas, gerais e concretas e individuais e concretas)[77] se submetem a cer-

---

75. Maria Helena Diniz (*Normas Constitucional e seus Efeitos*) e Celso Ribeiro Bastos e Carlos Ayres Britto (*Interpretação e Aplicabilidade das Normas Constitucionais*).

76. "Eficácia das normas constitucionais sobre Justiça social", *Revista de Direito Público* 57-58/233-256.

77. Quanto às normas individuais e abstratas, reputamos que não existe possibilidade de sua ocorrência, conforme consignamos no Capítulo 7, item 7.3.

to rol de princípios e regras, haverá falar na existência de um regime jurídico.

Em nosso ordenamento jurídico a noção de um regime jurídico de direito público está umbilicalmente atrelada a dois conceitos fundamentais (pressupostos): Estado de Direito e Estado Democrático. Sem que se conheça e reconheça os elementos identificadores desses institutos – e aqueles que lhes formam e lhes conformam o espírito – será completamente frustrada nossa empreitada científica, porquanto as proposições normativas que compõem sua intimidade informam o regime jurídico delimitando o exercício das funções estatais.

Capítulo 2
O ESTADO DEMOCRÁTICO DE DIREITO E O REGIME JURÍDICO TRIBUTÁRIO

2.1 *O Estado Democrático brasileiro.* 2.2 *O Estado de Direito nacional* 2.3 *Elementos identificadores da existência de um regime jurídico.* 2.4 *O subsistema do direito constitucional tributário:* 2.4.1 *Direito tributário e direito administrativo;* 2.4.2 *Direito tributário substantivo e adjetivo.* 2.5 *Os princípios republicano e federativo.*

O art. 1º da Constituição Federal enuncia[1] que a República Federativa do Brasil é um Estado Democrático de Direito, razão por que em seu parágrafo único assenta que "todo poder emana do povo, que o exerce por meio de seus representantes eleitos diretamente, nos termos desta Constituição".

Essa locução – Estado Democrático de Direito – pode (e deve) ser desmembrada pelo intérprete em outras duas: Estado Democrático e Estado de Direito. E isso porque o objeto jurídico adjudicado nessas duas expressões – construído a partir do conjunto de disposições normativas veiculadas no Texto Constitucional – delimita distintos plexos de prerrogativas para satisfação do interesse público.

Daí pensarmos não ser nota essencial do Estado de Direito sua configuração como um Estado Democrático,[2] de tal forma que – nos termos apregoados por J. J. Gomes Canotilho – só possa existir um Estado Democrático de Direito.

---

1. Tratando-se, pois, de proposição formulada em juízo categórico e não em hipotético condicional.
2. Esse também é o pensamento de Lúcia Valle Figueiredo averbado em seu "Estado de Direito e devido processo legal", *Revista Diálogo Jurídico* 11/2; disponível em: www.direitopublico.com.br; acesso em 12.1.2004.

Cremos ser dogmaticamente inútil pretender construir um núcleo delimitador universal do que seja um Estado Democrático, pois esse conceito é estabelecido a partir de um dado por excelência: o texto legislado (mutável e materialmente distinto ao longo do tempo e do espaço).

Como notou Pinto Ferreira,[3] a doutrina sobre as formas de Governo originalmente concebida por gênios como Platão e Aristóteles foi objeto de seguidas meditações de Santo Tomás de Aquino e Maquiavel havendo, nas formas concebidas, uma "multiplicidade de conceitos sobre o que se deva entender sobre democracia".[4]

E por força disso, Pinto Ferreira obtempera que "A democracia não é uma doutrina imobilizada, petrificada em um dogma eterno, nem tampouco uma fórmula histórica imutável, porém um sistema de idéias e uma instituição que se retificam constantemente com o progresso ético e científico da humanidade (...) por isso mesmo, na sua tendência de constante aprimoramento, tem a democracia se revestido de diversos tipos, assumindo formas socialmente discrepantes e tomando mesmo uma roupagem constitucional diferente (...)".[5]

Assim, somente por meio da análise do direito positivo brasileiro é que será possível construir os elementos identificadores do nosso Estado Democrático.

2.1 O Estado Democrático brasileiro

O Estado Democrático é uma construção política concebida nos ideais de igualdade de Rousseau, segundo o qual, por nascerem os homens iguais e livres entre si, é necessário que parcela da sua liberdade seja concedida a outrem para que haja uma voz de comando na sociedade.

Os limites da participação popular no processo de formação da vontade estatal são a nota de singularidade entre os diversos sistemas normativos dos Estados Democráticos, não se amoldando, nas precisas palavras de J. J. Gomes Canotilho,[6] aos quadros teóricos classificatórios pela Ciência do Direito e pela Ciência Política.

---

3. *Princípios gerais do Direito Constitucional Moderno*, t. I, pp. 177 e ss.
4. Idem, p. 184.
5. Idem, p. 201.
6. *Direito Constitucional*, pp. 405-418.

Ante a nota de singularidade do perfil democrático de cada nação, Celso Bastos e Ives Gandra[7] entendem que o Estado Democrático brasileiro, surgido em 1988,[8] é a expressão da vontade popular. E isso porque o processo político tem como características (i) o pluralismo político; (ii) a eleição dos representantes do povo por meio de sufrágio universal; e (iii) a participação popular direta que, na visão de Alexandre de Moraes, são direitos políticos, assim entendidos como "direitos públicos subjetivos que investem o indivíduo no *status activae civitatis*, permitindo-lhe o exercício concreto da liberdade de participação nos negócios políticos do Estado".[9]

Em linha próxima, mas não idêntica, José Afonso da Silva[10] entende que a Constituição Federal acolhe os princípios caracterizadores de uma democracia participativa com duas modalidades de participação direta: participação na Administração Pública e participação no processo político, especialmente na produção de atos normativos que tenham a aptidão de inovar, de maneira inaugural, o ordenamento jurídico, no que concorda Lúcia Valle Figueiredo.[11]

2.2 O Estado de Direito nacional

O Estado de Direito é igualmente um projeto político arquitetado pelo conjunto das idéias de Montesquieu, que propõe, ao lado da garantia da isonomia, a imposição de limites àqueles que exercem as funções estatais mediante o fracionamento do seu exercício.[12]

---

7. *Comentários à Constituição do Brasil*, vol. 1, pp. 426-429.
8. Utilizamos esta expressão porquanto a cada nova Constituição cria-se um novo Estado na medida em que, segundo Michel Temer, o *poder constituinte originário* "visa a criar o Estado. Antes dessa manifestação, o Estado, tal como veio a ser positivado, não existia. Existe, é, a partir da Constituição" (*Elementos de Direito Constitucional*, p. 33).
9. *Constituição do Brasil Interpretada e Legislação Constitucional*, p. 534.
10. "O sistema representativo, democracia semidireta e democracia participativa", *Revista do Advogado* 73/104.
11. Segundo a Professora: "O Estado somente poderá ser democrático se e quando o povo exercer efetivamente o poder por meio de seus representantes, ou, em algumas circunstâncias diretamente. Além disso e, efetivamente, ademais disso, mister que direitos fundamentais constem das cartas políticas e sejam cabalmente respeitados. Em conseqüência, o Estado de Direito é estado de legitimidade" ("Estado de Direito e devido processo legal", cit., p. 2).
12. Nosso pensamento é análogo àquele sufragado em linhas mais largas e brilhantes por Celso Antônio Bandeira de Mello que, em breve passagem, sintetiza o tema:

O ESTADO DE DIREITO E O REGIME JURÍDICO TRIBUTÁRIO 49

Ante o sistema normativo brasileiro, há Estado de Direito quando aqueles que estiverem imbuídos da competência para exercer uma função estatal (legislativa, administrativa e jurisdicional)[13] observarem os comandos normativos aplicáveis geral e abstratamente a todos os entes da sociedade, subordinando-se, ademais, à jurisdição.[14]

Essa idéia é sintetizada pela máxima do Direito anglo-saxão, segundo a qual no Estado de Direito há "rule of law, not of man", porquanto as funções estatais são presididas pelas leis (aqui empregada em sua acepção lata para englobar as normas jurídicas *lato sensu*) e não dos homens (típico de Estados autoritários comandados por déspotas esclarecidos e não esclarecidos).

Em tempo oportuno demonstraremos que ao conceito de Estado de Direito atrela-se outro, o conceito de devido processo legal (substantivo e adjetivo), o qual só pode ser implementado mediante a igualdade de proteção na lei e perante a lei (*equal protection of law*).

Nessa perspectiva, o foco ejetor de legitimação do exercício do poder estatal desloca-se da figura do monarca (detentor de poder divino) para o povo.

A regra da lei surge, portanto, como contraponto àqueles Estados em que a atividade estatal se encontrava regida pela máxima segundo a qual "the king cannot do wrong". E, nessa medida, a inexistência de parâmetros ao exercício das funções do Estado encontra fim com a criação de um instrumento representativo da vontade popular e limitador do exercício do poder estatal: a lei (em sua acepção ampla). Assim, o rei, no exercício das atividades estatais, nada fará de errado se respeitar a vontade popular (*law of the land*).

"Ninguém ignora, que o Estado de Direito é um gigantesco projeto político, juridicizado, de contenção do Poder e de proclamação da igualdade de todos os homens. (...) Não é difícil perceber-se que a supremacia da lei, tão cara à Revolução Francesa, tem a sua raiz no princípio da igualdade. Há supremacia da lei, porque resulta da formulação da vontade geral, através dos seus representantes, e porque a lei propõe-se a ser geral e abstrata, precisamente para que todos os homens sejam tratados sem casuísmos, embargando-se, dessarte, perseguições e favoritismos" (*Curso de Direito Administrativo*, pp. 42-43).
    13. No exercício de suas funções típicas ou atípicas, nas palavras de Michel Temer em seu *Elementos de Direito Constitucional*, p. 120.
    14. Este pensar é idêntico ao de Geraldo Ataliba (*República e Constituição*, p. 120).

Na oportunidade em que tratarmos do exercício das funções estatais na criação e aplicação de normas jurídicas relativas às "obrigações tributárias acessórias", demonstraremos que o rompimento das fronteiras rigidamente traçadas para o exercício das funções legislativas e administrativas contaminará a validade do ato normativo introduzido no ordenamento jurídico, produzido em desvio de poder.

O Estado de Direito será, outrossim, democrático, caso haja participação popular no seu exercício, diretamente ou por meio de mandatários eleitos, em sufrágio universal, para ocuparem cargos políticos por prazo certo e determinado. Será democrático, portanto, porque há consentimento (assentimento) do cidadão neste sentido.

E se esse assentimento é imprescindível para que uma norma jurídica *lato sensu* possa ser validamente introduzida em nosso ordenamento jurídico, demanda-se investigar se o nosso sistema de direito positivo acolhe (i) a dicotomia entre princípio da legalidade e reserva de lei; e (ii) a figura existente alhures – que pretende ser aplicada por administradores pretensamente defensores da "agilidade" do moderno Estado de Direito, como um produto importado pronto e acabado para o consumo – da delegação legislativa que reveste o Poder Executivo de excepcional capacidade para inovar de modo inaugural o ordenamento jurídico.

Essas questões, pensamos, podem ser equacionadas pela construção e descrição do regime jurídico de Direito aplicável à espécie.

2.3 Elementos identificadores da existência de um regime jurídico

O Direito – entendido como o conjunto de princípios, regras e normas jurídicas *stricto sensu* vertidas em linguagem – é um processo de comunicação entre sujeitos de direito apto a regular a conduta intersubjetiva e permitir o surgimento e a continuidade de uma sociedade organizada.

Assim, mesmo em uma sociedade de ladrões é possível haver o Direito (o exemplo nos foi fornecido pelo genial Alfredo Augusto Becker) bastando, para tanto, que seja produzida uma camada de linguagem prescrevendo (i) a possibilidade do surgimento de uma relação jurídica que tenha por objeto o cumprimento de uma determinada obrigação (nos modais deônticos obrigatório, permitido e proibido); a (ii) correlativa imposição de penalidade em caso de seu descumprimento; e, por fim, (iii) meios coercitivos para aplicação do gravame cominado.

O Direito, sob essa perspectiva, é uno e, portanto, indecomponível, salvo para fins metodológicos. Observe-se, contudo, que é possível separar a parte do todo quando, segundo Celso Antônio Bandeira de Mello, "(...) existam princípios que lhe são peculiares e que guardem entre si uma relação de coerência e unidade compondo um sistema ou regime (...)".[15]

Constatada a existência desse universo peculiar de princípios, regras e normas jurídicas *stricto sensu* especialmente aplicáveis a um conjunto determinado de fatos relevantes para o Direito, haverá uma disciplina normativa peculiar e didaticamente autônoma porque sujeita a um específico regime jurídico.

2.4 O subsistema do direito constitucional tributário

Não se pode pretender descrever o direito tributário se não encontrarmos nessa disciplina o seu conceito fundamental ou primário. Com efeito, Lourival Vilanova alerta para o fato de que: "Em todo sistema conceptual, existe um grupo de conceitos fundamentais, cuja amplitude cobre todo o território científico sobre o qual dito sistema repousa. E tem de haver um conceito primário, fundamento de todos os demais conceitos. Esse conceito primário e fundamental tem a função de uma categoria do pensamento. De uma parte, delimita o campo de objetos próprio da ciência, de outra, articula a multiplicidade dos conceitos numa coerente sistematização lógica. É o conceito fundamental que configura a esfera de realidade, objeto de cada ciência (...)",[16] razão por que "em torno de conceito fundamental se agrupa toda uma classe de conceitos, que, se bem subordinados àquele, gozam, contudo, de uma função categorial".[17]

Entendemos, ao lado de Geraldo Ataliba,[18] que o conceito fundamental ao redor do qual gravita o conjunto de disposições normativas que se denomina direito tributário é o tributo. Expliquemos.

15. *Curso de Direito Administrativo*, p. 45.
16. *Escritos Jurídicos e Filosóficos*, vol. 1, p. 10.
17. Idem, p. 11.
18. *Hipótese de Incidência Tributária*, pp. 37-40.

Entre as sete possíveis acepções que o vocábulo tributo pode experimentar em nosso ordenamento jurídico,[19] adotamos aquela que define tributo como a relação jurídica por meio da qual determinada pessoa está obrigada a entregar determinada soma de dinheiro a outrem sob certo regime jurídico.[20]

Esse conceito – construído a partir do conjunto de disposições normativas constitucionais[21] – encontra-se no mandamento de um emaranhado de normas jurídicas *stricto sensu* que prescrevem condutas intersubjetivas que tenham por objeto (i) descrever um evento que, ocorrido em circunstâncias de tempo e espaço, fará nascer essa relação jurídica; e (ii) fiscalizar o nascimento e o cumprimento do objeto dessa relação (entrega de dinheiro aos cofres públicos).

Dessa forma, entendemos que o conjunto de proposições normativas que prescreve a instituição, a arrecadação e a fiscalização do conceito fundamental de tributo está inserto no ramo do direito tributário.

Entretanto, ao investigar o ordenamento jurídico, pensamos que o conjunto das disposições normativas aplicáveis ao direito tributário não lhe confere autonomia didática em relação ao direito administrativo a ponto de podermos construir um regime jurídico-tributário.

2.4.1 Direito tributário e direito administrativo

Se o direito tributário pretende, pelo conjunto das proposições normativas, regular a conduta intersubjetiva de maneira a obrigar uma

---

19. Além das seis acepções construídas por Paulo de Barros Carvalho (*Curso de Direito Tributário*, pp. 19-27), há uma sétima, vislumbrada por José Souto Maior Borges (citado por Paulo de Barros Carvalho em seu *Direito Tributário – Fundamentos Jurídicos da Incidência*), no sentido de que tributo poderia ser ainda o *iter* compreendido entre o processo de produção da lei geral e abstrata até o momento de sua aplicação no plano individual e concreto.

20. Para Geraldo Ataliba "(...) definimos tributo, instituto nuclear do Direito Tributário (entendido como sub-ramo do Direito Administrativo), como *obrigação* (relação jurídica). Juridicamente define-se tributo como obrigação jurídica pecuniária, *ex lege*, que se não constitua em sanção de ato ilícito, cujo sujeito ativo é uma pessoa pública (ou delegado por lei desta), e cujo sujeito passivo é alguém nessa situação posto pela vontade da lei, obedecidos os desígnios constitucionais (explícitos ou implícitos)" (*Hipótese de Incidência Tributária*, p. 34).

21. Roque Antônio Carrazza (*Curso de Direito Constitucional Tributário*, p. 362) e Geraldo Ataliba (*Hipótese de Incidência Tributária*, pp. 32-40) entendem que o conceito de tributo é edificado no altiplano constitucional.

determinada pessoa a realizar um comportamento consistente em levar certa soma de dinheiro aos cofres públicos a título de tributo, é evidente que estamos diante de uma relação entre Administração (ou quem está no exercício de função administrativa) e administrado.

Essa relação jurídica forma-se em razão do exercício de uma função estatal específica: a função administrativa,[22] submetida ao regime jurídico-administrativo.

Verifique-se que Celso Antônio Bandeira de Mello pensa da mesma forma ao assentar que:

"Se, na conformidade do exposto, o Direito Administrativo coincide com o conjunto de normas (princípios e regras) que têm o sobredito objeto, ter-se-ia de concluir, logicamente, que a 'Ciência do Direito Administrativo' consideraria como pertinente à sua esfera temática a integralidade de tudo o que estivesse compreendido na função administrativa. Sem embargo, não é isto que ocorre.

"Certas parcelas do campo recoberto pela função administrativa, isto é, certos capítulos do Direito Administrativo são excluídos de sua órbita de estudos e tratados em apartado, *como ramos do Direito* – caso do 'Direito Tributário', do 'Direito Financeiro', do 'Direito Previdenciário' – *conquanto se constituam em unidades temáticas tão sujeitas ao regime jurídico administrativo como quaisquer outras.*"[23]

Percebe-se, portanto, que o direito tributário é um capítulo do direito administrativo. Deveras, nada aparta o regime jurídico-tributário do regime jurídico-administrativo (até mesmo porque é inútil, para fins científicos, separar a parte do todo eis que ambos são informados pelos mesmos princípios gerais), não se constituindo o direito tributário em disciplina jurídica autônoma.[24]

22. Para Celso Antônio Bandeira de Mello função administrativa "é a função que o Estado, ou quem lhe faça as vezes, exerce *na intimidade de sua estrutura e regime hierárquicos* e que no sistema constitucional brasileiro se caracteriza pelo fato de ser *desempenhada mediante comportamentos infralegais* ou, excepcionalmente, infraconstitucionais, submissos todos *ao controle de legalidade pelo Poder Judiciário*" (*Curso de Direito Administrativo*, p. 34 – destaques no original).
23. Idem, pp. 35-36 – destaques no original.
24. Empregada no mesmo sentido que lhe atribui Celso Antônio Bandeira de Mello em seu "O conteúdo do regime jurídico-administrativo e seu valor metodológico", *Revista de Direito Público* 2/44.

Isso nos leva à conclusão no sentido de que o direito tributário é tratado de maneira autônoma – não por estar submetido a um regime jurídico distinto –, mas porque, por sua relevância econômica e social, tornou-se conveniente que o seu estudo recebesse etiqueta de autonomia ante o seu conceito fundamental nuclear: o tributo.[25]

Por tal razão assinalava Geraldo Ataliba, há tempos, que "Direito Tributário é capítulo do Direito Administrativo. Teremos, em outras ocasiões, oportunidade de aprofundar um pouco essa afirmação, como noção propedêutica, de que o Direito Tributário não é autônomo; é um mero capítulo do Direito Administrativo. Entendemos que não é autônomo, porque, na verdade, não tem princípios próprios; os princípios que o regem são princípios gerais, que regem as relações entre o Estado e os seus súditos (...) A única peculiaridade dos tributaristas – não do Direito Tributário – é usar esse nome, mas não é o nome que dá natureza às entidades científicas. Aí está a importância básica e fundamental dessa conclusão. Se o Direito Tributário é um capítulo do Direito Administrativo, todos os princípios, todas as regras, todas as técnicas, todas as categorias do Direito Administrativo devem ser aplicadas ao Direito Tributário".[26]

Assim, a produção de atos normativos de conteúdo afeto ao direito tributário deverá, por imposição dos comandos edificadores de nosso ordenamento jurídico, observar as balizas prescritas para a válida produção e a aplicação de normas jurídicas que pretendam dispor sobre as relações jurídicas entre a Administração e o administrado. E são justamente essas mesmas balizas que confinam a produção legislativa para validamente criar lei formal impondo o exercício da função administrativa.

Usamos e usaremos a expressão "direito tributário" para facilitar a fluência do pensamento e da comunicação com o interlocutor, destacando-se sempre que direito tributário se submete ao regime jurídico-administrativo ou, se preferirmos, para fins exclusivamente didáticos, ao regime jurídico-administrativo-tributário.

---

25. Nesse sentido Geraldo Ataliba manifestou-se em diversas oportunidades (*Hipótese de Incidência Tributária*, pp. 32-40), chegando à mesma conclusão Amílcar de Araújo Falcão (*Fato Gerador da Obrigação Tributária*, p. 31).
26. *Interpretação no Direito Tributário*, pp. 20-21.

2.4.2 Direito tributário substantivo e adjetivo

Conforme esclarecido, o direito tributário é composto de um conjunto de enunciados normativos que cuidam da instituição, da arrecadação e da fiscalização de tributos.

Embora esses enunciados normativos tenham como conceito fundamental o tributo, entendemos que a conduta prescrita em seu mandamento permite metodologicamente segregar o direito tributário em dois capítulos distintos entre si.

O primeiro deles, que denominaremos direito tributário material ou substantivo, é composto pelo conjunto daquelas proposições que prescrevem os aspectos da norma de tributação.[27] O segundo, denominado direito tributário instrumental ou adjetivo, engloba as normas jurídicas *stricto sensu* e regras que prescrevem comandos que possibilitem e facilitem a verificação do surgimento e do cumprimento do objeto da relação jurídico-tributária consistente na obrigação de levar dinheiro aos cofres públicos.

Ora, se no campo metodologicamente autônomo do direito tributário estão inseridas as normas jurídicas *lato sensu* que prescrevem a instituição, a arrecadação e a fiscalização de tributos, somente no primeiro plexo dessa prerrogativa pública legiferante é que se encontram insertas as normas jurídicas de direito tributário material. Decorrência lógica inafastável dessa classificação é a inclusão no direito tributário material daquelas normas jurídicas *lato sensu* que confinam e demarcam os limites positivos para o válido exercício da competência tributária impositiva pelas pessoas políticas competentes.

Assim, as regras que prescrevem isenção[28] e as normas jurídicas *lato sensu* que delimitam a competência tributária impositiva da União, dos Estados, do Distrito Federal e dos Municípios estão, em razão disso, insertas no campo de direito tributário material.

Qualquer norma jurídica inserta em um desses capítulos deverá, porque sujeitos ao regime jurídico que lhes é próprio, ser produzida em conformidade com os mandamentos que lhe são fundamento jurídico de

---

27. Abordados no Capítulo 6, itens 6.2 e 6.3 desta obra.
28. Em nosso entendimento, a isenção delimita um dos aspectos da norma de tributação (de direito tributário material) e, por força da classificação das normas jurídicas empreendidas, é regra de Direito.

validade. E no direito tributário – porque assim também o é no direito administrativo – os princípios fundamentais que dão a nota de singularidade a esse peculiar regime jurídico são os primados republicano e federativo.

2.5 Os princípios republicano e federativo

O ideal republicano constitui o princípio informador de nosso sistema jurídico e também do subsistema do direito constitucional tributário, influenciando a interpretação dos demais princípios constitucionais.

Nos dizeres de Geraldo Ataliba, "(...) o princípio republicano não é meramente afirmado, como simples projeção retórica ou programática. É desdobrado em todas as suas conseqüências, ao longo do texto constitucional: inúmeras regras dando o conteúdo exato e a precisa extensão da tripartição do poder; mandatos políticos e sua periodicidade, implicando alternância no poder; responsabilidades dos agentes públicos, proteção às liberdades públicas; prestação de contas; mecanismos de fiscalização e controle do povo sobre o governo, tanto na esfera federal como estadual ou municipal; a própria consagração dos princípios federal e da autonomia municipal etc. Tudo isso aparece, formando a contextura constitucional, como desdobramento, refração, conseqüência ou projeção do princípio, expressões concretas de suas exigências".[29]

É que, muito embora o sistema jurídico tenha profunda harmonia interna, esta só se estabelece mediante a formação e escalonamento hierárquico entre os mais diversos princípios, razão por que é equivocada a idéia no sentido de que todas as normas constitucionais (aí incluídos os princípios) têm mesma eficácia (grau eficacial), mormente porque elas se estruturam de forma piramidal e hierárquica.

Mas para que os desígnios pretendidos pelo ideal republicano (forma de Governo) – tal como fixados pelo nosso ordenamento jurídico – sejam atingidos, Geraldo Ataliba[30] entende que o Estado organizou-se sob a forma federativa. Deveras, por meio da Federação, as competências legislativas são repartidas entre o poder central (Estado brasileiro) e as expressões das ordens parciais (União, Estados-membros, Municípios e Distrito Federal).

---

29. *República e Constituição*, pp. 27-28.
30. *República e Constituição*, pp. 43-45.

Adotando-se, pois, a Federação como forma de Estado, atinge-se a descentralização política, melhor implementando-se a representatividade e a prerrogativa popular de cidadania e do autogoverno. E como o autogoverno (decorrente da descentralização realizada) é um dos principais primados republicanos, a Federação é, em nosso ordenamento jurídico, uma decorrência necessária do sistema constitucional brasileiro.

A posição de primazia desses princípios em relação aos demais prestigiados pelo constituinte encontra-se vivificada ao longo do Texto Constitucional, de modo que a idéia de federação e diversos dos elementos republicanos[31] foram alçados à condição de cláusula pétrea pelo § 4º do art. 60 da Constituição.

Ao princípio republicano também se adere o primado da autonomia municipal, na medida em que implementa e realiza o ideal republicano da representatividade política, com profundo grau de intensidade, uma vez que possibilita, com maior facilidade, a liberdade de informação, a eficácia da fiscalização sobre o governo, o amplo debate das decisões políticas, o máximo controle dos mandatários pelos eleitores etc.

Adicionalmente, a tripartição do exercício do poder é a fórmula ideal para assegurar o regime republicano representativo, com seus necessários ingredientes de responsabilidade e igualdade.

É que por meio da tripartição do exercício das funções estatais criou-se um modelo de freios e contrapesos entre aquelas pessoas que exercem as funções estatais, embora seja forçoso reconhecer que aquelas exercidas pelo Legislativo encontram-se em supremacia às demais, porque a ele incumbe primordialmente a mais elevada expressão da função pública: fixar, em regra, genérica e abstratamente, com força obrigatória, os preceitos a serem observados pelo povo e pelo próprio Estado.[32]

Essas normas produzidas pelo Legislativo são, em regra, gerais porque se referem abstratamente a pessoas ou a situações não determinadas no momento em que se editam. E, assim, torna-se mais difícil o favo-

---

31. Tais como voto direto, secreto, universal e periódico; separação dos poderes e direitos e garantias individuais (direitos políticos nas palavras de Geraldo Ataliba).
32. Ainda que, na atual fase de República, o Executivo venha suplantando esta função primordial do Legislativo, contando, inclusive, com a complacência do Judiciário, salvo manifestações brilhantes e isoladas, mas que não têm feito coro em nossos Tribunais.

recimento individual, escapando do controle de seus autores no exato momento em que ingressam no ordenamento.

Analisando as atribuições do presidente da República, escora-se em critério razoavelmente seguro para vislumbrar a feição geral do tipo de regime republicano adotado. Com efeito, as atribuições do presidente da República podem ser classificadas em políticas e administrativas.

Segundo Geraldo Ataliba,[33] as atribuições políticas são infraconstitucionais porque autorizam a edição de atos que, embora editados com respeito aos quadros legais, não dependem de lei, nem esta pode ser considerada como condição à sua prática. São atos de natureza política insuscetíveis de revisão (incontestáveis juridicamente), quanto ao mérito,[34] por qualquer outro órgão (muito embora em determinadas circunstâncias deva o Presidente da República contar com a anuência do Senado e do Congresso).[35] Já as atribuições administrativas são exercidas na forma ou na conformidade da lei.

Princípio constitucional fundamental, sobre o qual também se escora o ideal republicano é, portanto, a isonomia. Daí por que a norma legal deve, necessariamente, ser, em regra, abstrata (isto é, impessoal, abrangendo gêneros de situações, categorias de pessoas e não casos isolados), genérica (cobrindo os gêneros em todas as medidas descritas) e irretroativa (só opera para o futuro, reforçando, pois, seu cunho de impessoalidade e de abstração).

E, mais uma vez, Geraldo Ataliba[36] denuncia que não faz qualquer sentido que os cidadãos se reúnam, constituam um Estado, outorguem a si mesmos uma Constituição, em termos republicanos, para prestigiar instituições que permitam a violação do primado da igualdade[37] entre as pessoas. Trata-se de interpretação absurda que não merece prosperar, como já denunciava Carlos Maximiliano[38] no século retrasado pasado.

A isonomia, em nosso ordenamento jurídico, é um direito e garantia fundamental, ou liberdade pública como a ela se refere também parcela

33. *República e Constituição*, pp. 54-61.
34. É o que ocorre, por exemplo, com a autorização constante do art. 84, V, da CF.
35. Como se dá na hipótese de escolha de ministro para ocupar cargo no STF e no STJ que está sujeita à aprovação do Senado Federal.
36. *República e Constituição*, p. 160.
37. Daí porque Geraldo Ataliba já esclarecia que a liberdade só poderia ser restringida por meio de lei. No entanto, violar a isonomia nem a lei poderia.
38. *Hermenêutica e Aplicação do Direito*.

da doutrina, assim definida como o feixe de privilégios que juridicamente desacolhe os excessos estatais, garantindo a resistência contra os abusos praticados, inclusive com a possibilidade de responsabilizar os agentes que assim ajam, bem como postular provimento jurisdicional para garantia de sua estrita observância.

Daí porque, para atingimento dos desideratos republicanos, devem ser observados os princípios da legalidade, da isonomia e da intangibilidade das liberdades públicas, porque inerentes à noção de representatividade decorrente da soberania popular. Desse modo, Geraldo Ataliba elucida que: "Se o povo é o titular da *res publica* e se o governo, como mero administrador, há de realizar a vontade do povo, é preciso que esta seja clara, solene e inequivocamente expressada. Tal é a função da lei (...)".[39]

No regime constitucional brasileiro há, portanto, impossibilidade de delegação de competência legislativa por força do princípio da legalitaridade,[40] do qual é imediatamente decorrente o princípio do devido processo legal (seja em seu aspecto adjetivo ou substantivo, conforme adiante será abordado).

É com base no ideário republicano e federativo, portanto, que o cientista do Direito encontrará o norte seguro para adequada interpretação do Texto Constitucional, já que, conforme exposto acima, a interpretação das normas jurídicas *stricto sensu* e das regras existentes no sistema positivo (seja no plano constitucional ou legal) deve conformar-se aos princípios que informam todo o ordenamento jurídico, especialmente em razão da sua posição de primazia.

Esse predicado norteador dos primados republicano e federativo, e os que deles decorrem, não passou incólume pelo crivo de José Souto Maior Borges que assinalou "(...) o princípio republicano e o princípio federativo (...) têm uma importância tão grande no texto constitucional que, primeiro, são enunciados vestibularmente, logo no primeiro dispositivo da Constituição em vigor. E mais, constituem até o próprio preâmbulo ao texto constitucional. Portanto, esse princípio há de ser encarado

---

39. *República e Constituição*, p. 122.
40. O vocábulo aqui é empregado no mesmo sentido utilizado por Pontes de Miranda em seu *Comentários à Constituição de 1967 com a Emenda n. 1 de 1969*, vol. 1, p. 272.

como um princípio constitucional cardeal supremo, a informar o texto constitucional todo, na sua exegese".[41]

São esses os mandamentos – e aqueles que deles decorrem – que formam a estrutura central do regime jurídico a que se subsumem as normas jurídicas *stricto sensu* e regras de direito tributário.

Como adiantamos que o conceito de Estado de Direito atrela-se à noção de devido processo legal (substantivo e adjetivo), já é hora de apurarmos os limites de sua conformação aos ideais republicanos.

---

41. "Competência Tributária dos Estados e dos Municípios", *Revista de Direito Tributário* 47/135.

Capítulo 3
DEVIDO PROCESSO LEGAL

3.1 Origem histórica. 3.2 Aspectos adjetivo e substantivo. 3.3 Limite objetivo ao exercício das funções estatais.

3.1 Origem histórica

O art. 39 da Carta Magna de 1215 prescrevia que: "No free man shall be taken, imprisoned, diseased, outlawed, banished, or in any way destroyed, nor will we proceed or send against him, except by the lawful judgment of his peers or by the law of the land". O conteúdo jurídico da expressão "by the law of the land" protegia, em sua primitiva interpretação, a liberdade e a propriedade privada dos nobres e barões contra os excessos e desmandos do monarca, mediante a adoção do direito processual existente à época nas dobras da *common law*.

E tal como ocorreu com o conteúdo jurídico do regime democrático,[1] a significação extraída da expressão *law of the land* – sucedida pela expressão *due process of law*, empregada como sinônima daquela –, ganhou sentido e alcance mais amplo hodiernamente, porquanto, nas palavras do *Chief of Justice* Felix Frankfurter, citado por Antônio Roberto Sampaio Dória[2] e Carlos Roberto de Siqueira Castro,[3] "Due process não pode ser aprisionado dentro dos traiçoeiros lindes de uma fórmula (...) *due process* é o produto da história, da razão, do fluxo de decisões passadas e da inabalável confiança da força da fé democrática que

---

1. Pinto Ferreira, *Direito Constitucional Moderno*, pp. 177 e ss.
2. *Direito Constitucional Tributário e "Due Process of Law". Ensaio sobre o Controle Judicial da Razoabilidade das Leis*, p. 33.
3. *O Devido Processo Legal e a Razoabilidade das Leis na Nova Constituição do Brasil*, p. 56.

professoramos. *Due process* não é um instrumento mecânico. Não é um padrão. É um processo. É um delicado processo de adaptação que inevitavelmente envolve o exercício de julgamento por aqueles a quem a Constituição confiou o desdobramento desse processo".

E por tal razão essa expressão veicula em seu conteúdo um plexo de prerrogativas que resguardam o exercício do direito de defesa contra o ato de aplicação de comandos normativos que sejam imputados aos administrados (seja no modal obrigatório, permitido ou proibido) pela lei vigente (ou lei da terra) num dado momento do tempo e do espaço.

O conteúdo normativo da cláusula *law of the land* ou *due process of law* conota distinto rol de limitações em seus países de origem. Com efeito, para os norte-americanos representa a supremacia da Constituição – autorizando-se o exercício do *judicial review* dos atos produzidos pelo Poder Legislativo ante o Texto Magno na esteira da tantas vezes mencionada decisão proferida no caso *Marbury vs. Madison*[4] – e para os ingleses significa a vontade do Poder Legislativo expressa por meio de regular procedimento legislativo.

Dessa forma, para os ingleses essa garantia representou (e representa) a supremacia do Parlamento sobre o monarca, ao passo que, para os norte-americanos consagra a supremacia da vontade popular sobre aqueles que exercem as funções estatais, confinando-se ao Poder Judiciário a prerrogativa de exercer o *judicial review* de modo a aferir a compatibilidade da lei com a Constituição.

Essa garantia, de cunho historicamente processual[5] (conforme dicção da Emenda n. V da Constituição norte-americana), foi ampliada (pela Emenda n. XIV) para amparar o direito à vida e à liberdade contra os arbítrios praticados por meio de prescrições materiais contidas em normas jurídicas. Na primeira acepção, em que a garantia é estritamente

---

4. Segundo John Marshall, citado por Antônio Roberto Sampaio Dória: "A todas as luzes, é da competência do poder judiciário determinar qual é a lei. Aqueles que aplicam a norma a casos particulares devem necessariamente expô-la e interpretá-la. Se duas leis conflitarem, às cortes cabe decidir da aplicação de cada uma delas. Se, por conseqüência, os tribunais devem examinar a Constituição e se a Constituição se sobrepõe a qualquer lei ordinária, a Constituição, e não a lei ordinária, há de prevalecer com relação à hipótese que ambas disciplinam" (*Direito Constitucional Tributário e "Due Process of Law"...*, cit., p. 25).

5. Neste sentido, também se manifesta Carlos Roberto de Siqueira Castro em seu *O Devido Processo e a Razoabilidade das Leis...*, cit., p. 34.

processual, resguarda-se o devido processo legal adjetivo. No segundo sentido, em que a cláusula protege direitos materiais, sua função é substantiva.

O devido processo legal é, portanto, gênero, do qual o devido processo legal material ou substantivo *(substantive due process of law)* e processual ou adjetivo *(procedural due process of law)* são espécies. Facetas, portanto, de uma garantia constitucional que impede a prática de condutas que exorbitem a competência do Estado no exercício de suas funções (legislativa, administrativa e jurisdicional).

3.2 Aspectos adjetivo e substantivo

A cláusula do *due process of law* revela que sua origem histórica está atrelada à outorga de garantia processual aos administrados. Daí por que Carlos Roberto de Siqueira Castro[6] averba que, "de acordo com a concepção ordinária e adjetiva da cláusula do *devido processo legal*, esta não visava a um questionamento da substância ou do conteúdo dos atos do Poder Público, em particular daqueles editados pelo Legislativo, razão por que essa garantia constitucional não logrou desde logo erigir-se em limitação do mérito das normas jurídicas",[7] o que levou o *Chief of Justice* Waite a talhar, nos idos de 1880, sentença que condensava o sentido pragmático da cláusula, assim: "we know that this is a power which may be abused, but that is no argument against its existence. For protection against abuses by legislatures the people must resort to the polls".

Essa porção adjetiva do devido processo legal encontra-se vivificada em nossa Constituição Federal, pois "ninguém será privado da liberdade ou de seus bens sem o devido processo legal"[8] e "aos litigantes, em processo judicial ou administrativo, e aos acusados em geral são assegurados o contraditório e ampla defesa, com os meios e recursos a ela inerentes".[9]

---

6. Tal como fez Antônio Roberto Sampaio Dória, em seu *Direito Constitucional Tributário e "Due Process of Law"...*, cit., pp. 12-26.
7. *O Devido Processo e a Razoabilidade das Leis...*, cit., p. 43 – destaques do autor.
8. Art. 5º, LIV, da CF.
9. Art. 5º, LV, da CF.

Para Sérgio Ferraz e Adílson Abreu Dallari, a garantia do devido processo legal reveste-se de feição ainda mais genérica já que se atrela a valor maior do nosso ordenamento. Com efeito, "processo e democracia: binômio incindível. Claro: não qualquer processo, mas o devido processo legal (em sentido formal), como direito humano fundamental, assim posto nos arts. 8º e 10 da Declaração Universal dos Direitos Humanos, de 1948".[10]

E como corolário dessa garantia, o Texto Constitucional determina que ninguém seja privado de sua liberdade ou de seus bens, senão: (i) por determinação de um juiz natural – prerrogativa de ser julgado por quem seja competente para o exercício da função jurisdicional; (ii) por meio do amplo contraditório em que seja garantida igualdade entre as partes litigantes e as decisões proferidas o sejam de maneira motivada; (iii) garantindo-se a produção de provas que demonstrem a ocorrência, no mundo fenomênico, de um fato tipificado no antecedente de uma norma jurídica (e sua versão em linguagem competente para que seja reconhecida pelo Direito); (iv) após defesa técnica e assistência judiciária; (v) mediante a busca da verdade material (que, para uns, é aplicável apenas aos processos que tenham por objeto relações jurídicas de direito administrativo e penal e, para outros, engloba relações jurídicas de outras searas metodológicas do direito); (vi) permitindo-se a revisão das decisões proferidas em exame vestibular;[11] (vii) reconhecendo aos acusados a prerrogativa de permanecer em silêncio quanto àquelas penalidades que lhes sejam imputadas; (viii) proibindo a *reformatio in pejus*; e (ix) com publicidade das audiências que eventualmente vierem a ser realizadas.[12]

A evolução legislativa e a doutrinária acabaram atribuindo à cláusula do devido processo legal conotação material, adotando-a como

---

10. *Processo Administrativo*, p. 23.
11. Muito embora a análise pragmática da matéria demonstre que o Supremo Tribunal Federal sufragou entendimento no sentido de que esta garantia processual não se aplica aos processos administrativos, razão por que é possível exigir da pessoa interessada a prestação de garantia – especialmente de ordem pecuniária – como condição para o processamento do recurso interposto contra a decisão proferida, ainda que na hipótese deste gravame ser excessivamente oneroso, irrazoável e desproporcional com a finalidade pretendida pela norma, tal restrição possa ser afastada no caso concreto.
12. Este é o mesmo pensar de Lúcia Valle Figueiredo (*Curso de Direito Administrativo*, pp. 431-444).

parâmetro para aferir a validade do mandamento normativo ante os princípios da igualdade e da razoabilidade.[13]

Com razão e preciso rigor destaca Lúcia Valle Figueiredo[14] que o princípio da igualdade é o vetor fundamental do devido processo legal, não só perante a lei, mas também na lei, de forma a implementar *the equal protection of law*. E se assim sublinhou, só há falar em igualdade na lei naquelas oportunidades em que a lei elege um fato discriminatório pautada na correlação lógica, razoável e proporcional existente entre o critério segregatório adotado e o valor prestigiado pelo ordenamento jurídico.

3.3 Limite objetivo ao exercício das funções estatais

Seja, portanto, em seu aspecto substantivo ou adjetivo, o princípio veiculado na cláusula do devido processo legal veda a produção de normas jurídicas *lato sensu* (individuais e concretas, geral e concreta e geral e abstrata, sejam elas de conduta ou de estrutura) que ensejam a prática de arbítrios no curso dos processos judiciais ou administrativos ou de direitos materiais.[15]

---

13. Conforme demonstrado por Antônio Roberto Sampaio Dória, em seu *Direito Constitucional Tributário e "Due Process of Law"*..., cit., pp. 26-34.
14. "Estado de Direito e devido processo legal", *Revista Diálogo Jurídico*, n. 11; disponível em http://www.direitopublico.com.br; acesso em 12.1.2004.
15. Celso Antônio Bandeira de Mello esclarece com precisão o porquê destes rígidos limites ao exercício das funções estatais impostos pela cláusula do devido processo legal ao destacar que:
"Compreende-se que tenha ocorrido a completude desta trajetória no Estado de Direito, pois é da sua essência o enquadramento da conduta estatal dentro de limites jurídicos, tanto materiais como formais. O próprio do Estado de Direito é subordinar o exercício do poder público à obediência de normas adrede concebidas para conformar-lhe a atuação, prevenindo, destarte, seu uso desatado ou descomedido. Deveras, o propósito nele consubstanciado é o de oferecer a todos os integrantes da Sociedade a segurança de que não serão amesquinhados pelos detentores do Poder nem surpreendidos com medidas e providências interferentes com a liberdade e a propriedade sem cautelas preestabelecidas para defendê-las eficazmente.
"Tal enquadramento da conduta estatal em pautas balizadoras, como se disse e é universalmente sabido, concerne tanto a aspectos *materiais* – pelo atrelamento do Estado a determinados fins antecipadamente propostos como os validamente perseguíveis – quanto a aspectos *formais*, ou seja, relativos ao preestabelecimento dos meios eleitos como as vias idôneas a serem percorridas para que, através dela – e somente através delas –, possa o Poder Público exprimir suas decisões" (*Curso de Direito Administrativo*, p. 108 – grifos no original).

Por este motivo, é possível extrair do princípio do devido processo legal a vedação à produção de atos normativos destituídos de razoabilidade. É que, segundo averba Carlos Roberto Siqueira Castro, "sob o influxo da interpretação construtiva (*constructive interpretation*) do *substantive due process of law*, essa garantia acabou por transformar-se num amálgama entre o princípio da 'legalidade' (*rule of law*) e o da 'razoabilidade' (*rule of reasonableness*) para o controle de validade dos atos normativos e da generalidade das decisões estatais".[16]

E o comando veiculado em normas jurídicas será arbitrário se, dentre outras razões, afrontar os princípios constitucionais implícitos da razoabilidade e/ou da proporcionalidade.

Com efeito, para Carlos Roberto Siqueira Castro, "uma lei não pode ser considerada com uma *law of the land*, ou consentânea com o *due process of law*, quando incorrer na falta de 'razoabilidade' ou de 'racionalidade', ou seja, em suma, quando ela for arbitrária".[17] E isso porque "o papel da cláusula *due process of law*, considerado sob o prisma isonômico, é justamente o de impedir o abuso do poder normativo governamental, isto em todas as suas exteriorizações, de maneira a repelir os males da 'irrazoabilidade' e da 'irracionalidade', ou seja, o destempero das instituições governamentais, de que não está livre a atividade de criação e concreção de regras jurídicas nas gigantescas burocracias contemporâneas (...) Tudo isto porque, na exposição de San Tiago Dantas *'Não basta a expedição de um ato legislativo formalmente perfeito para preencher o requisito do 'due process of law'. Se assim fosse, a cláusula seria inoperante como limite ao arbítrio legislativo, pois o requisito constitucional estaria atendido com a simples existência de lei formal '"*.[18]

A primazia das garantias veiculadas nas proposições normativas do devido processo legal é sobremaneira relevante para a configuração do Estado de Direito. Alhures Agustín Gordillo, ao tratar de princípios e valores, afirmou que "Se trabaja en cambio, al analizar los hechos de cada caso, con una orientación axiológica e interpretativa, con los grandes principios del derecho. El más importante es el debido proceso o *due*

---

16. *O Devido Processo e a Razoabilidade das Leis...*, cit., pp. 76-77.
17. Idem, p. 57 – destaques do autor.
18. Idem, p. 160 – destaques do autor.

process of Law y su parte sustantiva o garantía de razonabilidad, proprocionalidad, sustento fáctico suficiente".[19]

Nem se diga que os princípios constitucionais implícitos não teriam a mesma aptidão para regular as relações entre sujeitos de direito por não estarem expressamente veiculados no suporte lingüístico (texto de lei). Com efeito, se toda a norma jurídica *lato sensu* decorre de um esforço mental empreendido pelo intérprete, que, analisando o texto da lei (ou o conjunto deles) existente em um determinado ordenamento jurídico e num específico momento do tempo, constrói o sentido, o conteúdo e o alcance de determinados comandos a partir da ocorrência de um fato jurídico qualquer, não existe uma norma jurídica *lato sensu* explícita. Todas decorrem de um processo de construção mental do utente sobre o seu objeto de estudo (o direito positivo).

E justamente a respeito dos princípios implícitos, José Souto Maior Borges, ao analisar o princípio da segurança jurídica em nosso ordenamento jurídico, averbou, com a felicidade que lhe é peculiar, que "O princípio implícito não difere senão formalmente do expresso. Têm ambos o mesmo grau de positividade. Não há uma positividade 'forte' (a expressa) e outra 'fraca' (a implícita). Um princípio implícito pode ter muito bem eficácia (= produzir efeitos) muito mais acentuada do que um princípio expresso (...) Eficácia é havida, aqui, como relação entre norma de conduta e conduta normada; relação sindicável pela Sociologia Jurídica, ao estudar o comportamento efetivamente adotado pelos 'destinatários' da norma".[20]

Mas não apenas o princípio (implícito) da razoabilidade decorre diretamente da cláusula do devido processo legal. A faceta da razoabilidade é o princípio (igualmente implícito) da proporcionalidade, que limita o exercício das funções estatais na exata medida da extensão e intensidade necessária para o atingimento da finalidade veiculada nas normas de estrutura e de conduta.

Tratando especificamente da aplicação das normas gerais na seara do direito administrativo (mediante a produção de comandos específicos para atendimento do interesse público decorrente do exercício da

---

19. *Introducción al Derecho*, Capítulo II, p. II-5 a II-7; disponível em www.gordillo.com.
20. "Princípio da segurança jurídica na criação e na aplicação do tributo", *Revista de Direito Tributário* 63/207.

função administrativa, porquanto, nas palavras de Seabra Fagundes administrar é "aplicar a lei de ofício"),[21] Celso Antônio Bandeira de Mello entende que "(...) os atos cujos conteúdos ultrapassem o necessário para alcançar o objetivo que justifica o uso da competência ficam maculados de ilegitimidade, porquanto desbordam do âmbito da competência; ou seja, superam os limites que naquele caso lhes corresponderiam".[22]

Procuraremos, a breve tempo, analisar, assim, o sentido, o conteúdo e o alcance desses princípios (razoabilidade e proporcionalidade); identificar e desvendar a existência de critérios objetivos para aferir sua observância na produção normativa material.

Mas, para que assim possamos proceder, faz-se necessário realizar um conjunto de análises preliminares acerca do objeto em relação ao qual tais princípios serão aplicados, quais sejam: obrigação, obrigação tributária e a denominada "obrigação tributária acessória".

---

21. *O Controle dos Atos Administrativos pelo Poder Judiciário*, pp. 4-5.
22. *Curso de Direito Administrativo*, p. 101.

Capítulo 4
NATUREZA JURÍDICA DA OBRIGAÇÃO

4.1 O conceito de obrigação e dever jurídico: 4.1.1 A influência do pensamento de Santi Romano. 4.2 A teoria da patrimonialidade e da transitoriedade da obrigação tributária: 4.2.1 Conceitos lógico-jurídicos e jurídico-positivos; 4.2.2 A obrigação como conceito jurídico-positivo.

4.1 O conceito de obrigação e dever jurídico

O art. 113 do CTN prescreve que o possível liame que se forma entre dois sujeitos de direito, cujo objeto pode ser prestações positivas ou negativas, no interesse da arrecadação ou da fiscalização dos tributos é uma obrigação. Ao longo do texto desse diploma normativo há reiteradas proposições cuja etiqueta jurídica desse instituto é referida como uma categoria obrigacional (arts. 85, § 2º, 111, 115 e 122, todos do CTN).

O vocábulo "obrigação" é plurissignificativo compreendendo, nas oportunidades em que veiculado no ordenamento jurídico, as seguintes significações: (i) dever jurídico; (ii) estado de sujeição; (iii) documento que comprova o vínculo entre pessoas (*e.g.*, obrigações da dívida pública dos Estados, do Distrito Federal e dos Municípios de que trata o art. 151, II, da CF); e (iv) ônus jurídico.

Maria Helena Diniz[1] aponta e descreve o conteúdo dos sentidos em que esse vocábulo é empregado pelo texto legislado. Esclarece, outrossim, que dever jurídico é o comando imposto pelo direito positivo para que todas as pessoas observem o conteúdo de determinado comando normativo, sob pena de o lesado, por meio do órgão jurisdicional, exigir seu cumprimento ou imposição de penalidade. No estado de sujeição há

1. *Curso de Direito Civil Brasileiro*, vol. 2, p. 29.

uma "subordinação inelutável a uma modificação na esfera jurídica de alguém, por ato de outrem" de tal forma que "uma pessoa não terá nenhum dever de conduta, devendo sujeitar-se, mesmo contra sua vontade, a que sua esfera jurídica seja constituída, modificada ou extinta pela simples vontade de outrem, ou melhor, do titular do direito potestativo".[2]

A necessidade de observância de determinado comportamento para a obtenção ou conservação de certa vantagem decorre de um ônus jurídico (e.g., necessidade de contestar uma ação para que os fatos narrados não se presumam verdadeiros, a teor do art. 319 do CPC).

Pode o termo "obrigação" comportar ainda uma quinta significação, qual seja, obrigação como relação jurídica. Como nos lembra Alfredo Augusto Becker,[3] relação[4] é o gênero de uma realidade construída no plano do pensamento humano que comporta, como uma de suas espécies, a relação jurídica (há, ainda, relações sociais, relações geográficas, relações políticas etc.)

A relação jurídica é construída mentalmente como sendo o vínculo abstrato entre dois sujeitos de direito, ao qual se encontra subjacente um objeto que consiste numa conduta humana do primeiro de fazer ou de não fazer algo em relação ao segundo em uma das modalidades deônticas possíveis (obrigatório, permitido ou proibido). Caso essa conduta de fazer ou de não fazer consubstancie em "fazer a entrega" ou em "não fazer a entrega" de determinado objeto, estaremos diante de uma prestação de dar ou de não dar.

Percebe-se, pois, que o objeto da relação jurídica é a conduta humana, e não o objeto desse fazer ou não fazer.[5] E será nessa acepção que empregamos e empregaremos o vocábulo "obrigação": obrigação no sentido de relação jurídica.

A doutrina que se propôs a desvendar a natureza da relação jurídica obrigacional não encontrou consenso a respeito dos elementos que permitem identificá-la porque pautada em distintas premissas.

---

2. Idem, p. 30.
3. *Teoria Geral do Direito Tributário*, p. 335.
4. Segundo Lourval Vilanova, relações "são *estruturas formais*, compondo-se de um termo antecedente (ou *termo referente*) e de outro termo conseqüente (ou *termo relato*) e, ainda, de uma espécie de operador: o *operador relacionante*" (*Causalidade e Relação do Direito*, pp. 116-117).
5. Esse pensamento, cremos, é idêntico àquele professorado por Geraldo Ataliba (*Hipótese de Incidência Tributária*, p. 22).

NATUREZA JURÍDICA DA OBRIGAÇÃO

Com efeito, para Washington de Barros Monteiro,[6] Caio Mário da Silva Pereira[7] e Maria Helena Diniz,[8] entre outros, a obrigação é uma relação jurídica de caráter transitório estabelecida entre as pessoas que se encontram nos pólos ativo e passivo dessa vinculação e cujo objeto – ou bem jurídico[9] – consiste numa prestação pessoal econômica dimensível devida pelo primeiro (integrante do pólo passivo) ao segundo (localizado no pólo ativo), garantindo-lhe o adimplemento por meio do seu patrimônio.

E reforçam seu posicionamento ao assentar que só restará configurada a existência de uma obrigação quando seu objeto seja economicamente mensurável, uma vez que, ausente esse atributo, não há possibilidade de mensuração pecuniária dos danos decorrentes do seu descumprimento e inviabilizando, via de conseqüência, a eventual execução forçada.

E já que para os integrantes dessa doutrina a obrigação é uma relação jurídica, exclui-se, assim, do campo dessa definição, por exemplo, os deveres morais (que não integram o direito positivo). Além disso, é transitória por não se vislumbrarem em nosso ordenamento jurídico obrigações cujos efeitos sejam perpétuos. E, por fim, reveste-se dos atributos de pessoalidade e patrimonialidade na medida em que somente pessoas estão adstritas ao cumprimento de comandos normativos de fazer e não fazer suscetíveis de mensuração patrimonial.

Daí por que aqueles que, a exemplo de Geraldo Ataliba, calcaram as premissas de seus estudos nessa doutrina para edificação de conceitos na seara do direito tributário afirmavam que a relação jurídica obrigacional "tem em seus extremos, em seus pólos, o *credor* (Estado) e o *devedor* (contribuinte). Essa relação jurídica, cujo conteúdo é o poder (e dever) de cobrar, de um lado, e a obrigação (dever) de pagar, de outro, se denomina *relação jurídica tributária*".[10]

E ao fazê-lo, segregavam as obrigações tributárias das demais relações jurídicas cujo bem jurídico não consiste na entrega de determinada

---

6. *Curso de Direito Civil*, vol. 4, p. 8.
7. *Instituições de Direito Civil*, vol. 2, p. 12.
8. *Curso de Direito Civil*, vol. 2, p. 4.
9. Oswaldo Aranha Bandeira de Mello prefere o uso da expressão "bem jurídico" ao do termo "objeto" (*Princípios Gerais de Direito Administrativo*, vol. I, pp. 504-505).
10. Geraldo Ataliba, *Noções de Direito Tributário*, p. 42.

quantia de dinheiro aos cofres públicos a título de tributo. Por tal razão sustentam esses cientistas do Direito que a relação jurídica tributária é gênero do qual a obrigação tributária (relação jurídica de conteúdo patrimonial) é espécie ao lado dos "deveres instrumentais" (relação jurídica de conteúdo não patrimonial).

Mas, como denunciamos ao iniciarmos a abordagem do tema, essa construção doutrinária não é uníssona entre os exegetas. No entendimento de Pontes de Miranda,[11] Clóvis Beviláqua[12] e Fábio Konder Comparato,[13] a patrimonialidade não é uma característica essencial à obrigação. E isso porque somente a legislação de regência pode fornecer as notas denotativas que permitem construir as notas conotativas[14] aptas a qualificar uma obrigação como a relação jurídica cujo bem jurídico seja economicamente avaliável ou não.

O pensamento de Arnaldo Borges sintetiza o entendimento dessa segunda corrente ao afirmar que: "Efetivamente, a patrimonialidade, não é requisito essencial dos vínculos obrigacionais no Direito brasileiro. Não há no nosso ordenamento jurídico regra que exija às prestações obrigacionais o serem avaliáveis pecuniariamente. Portanto, não pode o jurista, que tem por missão conhecer um dado ordenamento jurídico e descrevê-lo, afirmar que perante o Direito brasileiro a patrimonialidade é um requisito essencial à prestação obrigacional".[15]

Assim, para a primeira corrente, a relação jurídica formada entre sujeitos de direito preencherá as notas conotativas de uma relação jurídica obrigacional caso o seu objeto imediato seja mensurável economicamente e transitório.[16-17]

11. *Tratado de Direito Privado*, vol. 22, p. 41.
12. *Comentários ao Código Civil – Direito das obrigações*, p. 14.
13. Mencionado por Marçal Justen Filho, em sua obra *Sujeição Passiva Tributária*, pp. 77 e ss.
14. Diz-se que há "conotação" quando se constroem as notas que determinada coisa ou fato precisa reunir para pertencer a uma específica classe ou conjunto. Já a "denotação" de uma palavra se refere à classe de coisas ou de fatos designados pelo vocábulo. Nesse mesmo sentido, Paulo de Barros Carvalho (*Direito Tributário – Fundamentos Jurídicos da Incidência*, pp. 88-90).
15. *O Sujeito Passivo da Obrigação Tributária*, p. 46, apud José Souto Maior Borges, *Obrigação Tributária (uma introdução metodológica)*, p. 81, nota 1.
16. O objeto imediato da relação jurídica consiste na conduta imposta ao sujeito de direito (verbo consistente em um fazer ou em um não fazer), que não se confunde com o objeto mediato que é o objeto dessa conduta (complemento). Assim, o mandamento de

É voz corrente na doutrina que a relação jurídica atribuiu à pessoa que se encontra no pólo ativo da relação o direito subjetivo de exigir a prestação contida no objeto e à pessoa que se encontra no pólo passivo o dever jurídico de cumprir com essa prestação. Pensamos, sob a influência dos ensinamentos monumentais de Santi Romano,[18] que esses vocábulos veiculam em seu conteúdo estruturas jurídicas distintas e inconfundíveis entre si.

4.1 A influência do pensamento de Santi Romano

O jusfilósofo italiano emprega linguagem figurada para demonstrar que direitos e deveres eram considerados como "faces de uma mesma moeda" (relação jurídica). E calcado nas premissas do pensamento dominante naquela época, entendia-se que ao lado do direito subjetivo se contrapunham os deveres objetivos.

Ocorre que essa construção era (e permanece sendo) equivocada, pois, ainda que essas figuras possam nascer no exato momento do surgimento de uma relação jurídica no mundo fenomênico, tal implicação não deriva de um postulado lógico ou jurídico.

Há, sob essa ótica, direitos que não são correspondidos por qualquer espécie de dever e deveres que não ensejam o nascimento de direitos subjetivos. É necessário desvendar, pois, o conceito de *dever*, *poder*, *obrigação* e *direito* para que seja possível determinar se e em qual dessas categorias conotativas, se incluem as "obrigações tributárias acessórias".

Nessa media lembramos que os *conceitos fundamentais* são aqueles limitados às fronteiras construídas de um determinado objeto do conhecimento e outros – os *conceitos universais* –, aqueles que transbordam essas fronteiras alcançando outros campos da linguagem-objeto. O

---

uma relação jurídica é composto por um verbo (objeto imediato) e seu complemento (objeto mediato).

17. Após meditações seguidas sobre o tema, Paulo de Barros Carvalho passou a acolher entendimento no sentido de que esse último elemento (transitoriedade) não é uma nota conotativa que permita identificar uma relação jurídica obrigacional. Para esse autor, toda relação jurídica é perene, pois, mais cedo ou mais tarde, extingui-se. Como toda relação se extingue, a transitoriedade não é um elemento cientificamente válido para ser alçado como nota conotativa dessa metalinguagem do Direito.

18. *Fragmentos de un Diccionario Jurídico*, pp. 89-90.

jurisperito Lourival Vilanova descreveu essa amplitude dos conceitos ao afirmar que "A existência de tais figuras lógicas tem seu fundamento de ser. Cada esfera de objetos não é totalmente diversa das demais. Há analogias entre os seres. (...) Os princípios e conceitos, que tomam o ser como ser, têm campo de aplicação universal. Mas não é necessário acudir a tais conceitos transcendentais. Conceitos como especialidade, temporalidade, realidade convêm ao campo do físico, do biológico, do histórico".[19]

Por tal razão, entendemos que os conceitos de dever, poder, obrigação e direito não são conceitos universais, mas conceitos restritos ao objeto do nosso conhecimento – o Direito –, razão por que limitamos nosso estudo nessa seara do conhecimento humano.

E, ao assim limitarmos a amplitude desse conceito, acolhemos o entendimento no sentido de que o dever (e não a obrigação) irradia seus efeitos sem a identificação do destinatário específico do comando. Quem quer que se encontre diante daquela situação descrita deve necessariamente observá-la, o que pode ser implementado por meio do exercício de um poder (e não um direito). Nesse sentido, Santi Romano esclarece que "se da a veces un deber sin que haya un beneficiario de él que tenga la cualidad de persona y pueda considerárselo, por consiguiente, como sujeto de un derecho correlativo. La consistencia de ese deber hay que buscarla entonces en el poder, de que está investido algún otro sujeto, de pretender su cumplimiento. Dicho poder no es un derecho, y menos aún está con el deber en relación de correlatividad: el poder no es, en esta hipótesis, más que una garantía de la observancia del deber, y el sujeto de él no entra con el sujeto del deber en una relación jurídica, por lo menos en el sentido que a tal expresión debe atribuírsele cuando se tiene la figura del derecho subjetivo".[20]

Esse pensamento de Santi Romano – acolhido por Celso Antônio Bandeira de Mello[21] e Régis Fernandes de Oliveira[22] – está consubstanciado sinteticamente em passagem, segundo a qual poderes em sentido estrito "(...) se desplegarían en direcciones genéricas, es decir, que no tendrían objetos singularmente determinados, que no se resolverían en

---

19. *Escritos Jurídicos e Filosóficos*, vol. 1, pp. 11-12.
20. *Fragmentos de un Diccionario Jurídico*, p. 98.
21. In Geraldo Ataliba *et al.*, *Interpretação no Direito Tributário*, p. 42.
22. *Ato Administrativo*, p. 99.

pretensiones frente a otros sujetos, que, por lo tanto, no serían correlativos a obligaciones, lo cual quiere decir que no serían elementos de relaciones jurídicas concretas, y los poderes que se desplegarían, en cambio, en relaciones particulares y similares con una determinada cosa u otro objeto, o frente a determinadas personas, que tendrían obligaciones correspondientes, es decir, los poderes que asumen el carácter de derechos subjetivos".[23]

Para Santi Romano italiano, deveres e poderes irradiam os seus efeitos sem a necessidade do surgimento de uma relação jurídica individual e concreta (como, por exemplo, o poder de ir e vir, poder de liberdade de expressão, poder de propriedade etc.). Essa relação jurídica surgiria no mundo fenomênico, pensamos, com a produção de norma primária sancionatória, tendo por suporte fático a inobservância do poder ou do dever.

Daí não se confundir o conceito de poder e de dever (sem destinatário específico) com aquele conceito de direito e de obrigação (com destinatário específico). São conceitos que apontam para realidades distintas e inconfundíveis entre si.

Temos, assim, que a norma jurídica *stricto sensu* que prescreve em seu mandamento o surgimento de uma relação jurídica tem estrutura de juízos hipotéticos (assim definida como a proposição prescritiva de estrutura hipotética que imputa ao acontecimento de seu suposto determinado tipo de comportamento). Ao lado dessas normas jurídicas – veiculadas em juízos hipotéticos – existem as regras e os princípios – formulados em proposições de juízos categóricos.[24]

Enquanto os juízos hipotéticos impõem comportamentos, os juízos categóricos atribuem qualidade ou estado às coisas, às pessoas e aos comportamentos[25] e, indiretamente, impõem a todos o respeito dessa qualidade ou estado e às conseqüências normativas dessa definição.

Desta forma, os deveres e poderes são veiculados em regras ou princípios porquanto formulados em juízos categóricos, o que não ocorre

---

23. *Fragmentos de un Diccionario Jurídico*, p. 110.
24. A respeito da diferença entre normas jurídicas *lato sensu*, princípios, regras e normas jurídicas *stricto sensu*, remetemos o leitor ao item 1.3.1 do Capítulo 1 desta obra.
25. Essa idéia foi bem construída por Geraldo Ataliba, em seu *Hipótese de Incidência Tributária*, pp. 26-27.

com as normas jurídicas *stricto sensu* cuja estrutura proposicional é hipotético-condicional.²⁶

A prevalecer o entendimento de Santi Romano, as denominadas "obrigações tributárias acessórias" seriam veiculadas em proposições jurídicas qualificadas como deveres e proposições jurídicas qualificadas como obrigações? A construção a partir de disposições normativas veiculadas no Código Tributário Nacional não permite sustentar solução em apenas um sentido.

Verifique-se, por exemplo, que ao enunciar que as "obrigações tributárias acessórias" têm por objeto prestações positivas ou negativas no interesse da arrecadação e da fiscalização dos tributos (art. 113 do CTN), aponta-se como sujeito passivo "aquela pessoa obrigada às prestações que constituam o seu objeto" (art. 122 do CTN). E justamente por não vislumbrar na construção-descrição dessa proposição, ou do objeto mediato, um específico destinatário pensamos que estamos defronte de um dever.

O art. 197 do CTN parece apontar em sentido oposto quando prescreve que certas pessoas estão obrigadas a apresentar informações de que disponham com relação aos bens, negócios ou atividades de terceiros. Pensamos que essa previsão geral e abstrata já indica as notas conotativas das pessoas e do objeto da relação jurídica surgida individual e concretamente de maneira que, em conformidade com o pensamento de Santi Romano, não seriam deveres, mas, sim, obrigações.

Cremos, portanto, que a construção de Santi Romano, embora extremamente útil para segregar as distintas figuras (dever, poder e obrigação e direito), não prospera como elemento capaz de ser alçado como critério classificatório das relações jurídicas tributárias, pois há "obrigações tributárias acessórias" decorrentes de deveres (proposições jurídicas categoriais) e há as previstas em normas jurídicas *lato sensu* (proposição jurídica hipotético-condicional).

Além disso, se considerarmos que um evento passa a ser relevante para o Direito no momento em que revestido de linguagem própria prescrita pelo direito positivo,²⁷ verificamos que os deveres, conforme pro-

---

26. Nesse sentido, pensamos que Paulo de Barros Carvalho manifestou-se de forma análoga (*Teoria da Norma Tributária*, pp. 54-56 e 59-62).

27. Conforme assinalado por Paulo de Barros Carvalho em seu *Direito Tributário...*, cit.

posto por Santi Romano, serão reconhecidos pelo ordenamento jurídico somente por ocasião de seu descumprimento.

Caso esses deveres, que colocam todos em estado de sujeição, sejam observados e cumpridos, esse evento não será levado ao conhecimento do Direito, pois atingiu sua finalidade precípua: regulou a conduta intersubjetiva.

Na hipótese de seu desrespeito, a aplicação da penalidade correspondente demandará a produção de duas normas jurídicas formuladas em juízo hipotético-condicional. Com efeito, para que a norma jurídica *stricto sensu* de cunho sancionatório possa ser validamente produzida, é necessário que o fato jurígeno descrito em seu antecedente (consistente no descumprimento de uma norma jurídica primária *stricto sensu*) seja conhecido e reconhecido pelo Direito. E para que isso ocorra é necessário que ela esteja revestida em linguagem competente.

Assim, não se imagina que uma norma primária sancionatória possa ser validamente produzida sem que o sistema de direito positivo reconheça o inadimplemento daquela conduta a que estava jungido o sujeito de direito. Como esse inadimplemento – que é suporte fático do antecedente normativo dessa norma sancionatória – deve integrar o ordenamento jurídico, é necessário que ele seja revestido de linguagem competente mediante a construção de uma norma jurídica *stricto sensu* em juízo hipotético-condicional.

Portanto, caso o poder e/ou dever veiculado em regra ou princípio a que se refere Santi Romano seja inobservado, haverá a necessidade da produção de uma norma jurídica formulada em juízo hipotético condicional por meio da qual se prescreverá que um sujeito qualquer, que se encontrava naquele estado de sujeição, deve praticar tal conduta. Como o mandamento dessa norma não foi adimplido por aquele específico destinatário, esse evento será revestido em linguagem competente – alçando-se como fato jurídico – ensejando a produção de uma norma individual e concreta de aplicação de penalidade.

Pensamos, pois, que os deveres (e os poderes), de acordo com o pensamento do Autor italiano, serão reconhecidos pelo Direito não por ocasião do seu adimplemento, mas se, e somente se, forem inobservados ensejando, pois, a produção da norma jurídica *stricto sensu* primária e primária sancionatória.

Justamente em razão dessas considerações é que podemos concluir que encontraremos na proposição hipotético-condicional os elementos que nos permitirão apartar as "obrigações tributárias principais" das "obrigações tributárias acessórias".

Em sentido paralelo ao aqui traçado, José Souto Maior Borges[28] refuta sua utilização como critério classificatório em relação às obrigações tributárias "principais" e "acessórias", e nisso emprega o vocábulo "dever" em acepção distinta daquela contida nas lições de Santi Romano.

Para o mestre pernambucano não existe entre o dever e a obrigação uma relação entre categorias jurídicas específicas e genéricas, mas, sim, uma relação entre categorias formais e materiais, ou seja, entre forma e conteúdo. Os deveres são conceitos construídos em metametalinguagem do Direito (Teoria Geral do Direito) ao passo que o conceito de obrigação é edificado em metalinguagem do Direito (Linguagem da Ciência do Direito).

O dever jurídico (formulado em proposições normativas hipotético-condicionais) estatui que dada a ocorrência de um fato *deverá-ser* um dos seguintes modos de expressão (modais deônticos): conduta autorizada, conduta proibida e conduta permitida. Nesse sentido, alguns deveres poderiam ser obrigacionais e outros não de acordo com a construção que se faça do texto do direito positivo.

Procurou-se refutar essa doutrina sob o fundamento de que as obrigações apartam-se dos deveres pela transitoriedade de irradiação dos seus efeitos normativos. O mandamento das obrigações produz seus efeitos pelo surgimento do fato previsto no seu antecedente normativo e eclosão de uma relação jurídica no mundo fenomênico, ao passo que nos deveres há um constante estado de sujeição.

No entendimento de José Souto Maior Borges, é o conteúdo que permite qualificar um dever ou uma obrigação e não o seu constante ou perene estado de sujeição. E para tanto, imagina o dever imposto ao contribuinte de escriturar as operações sujeitas à tributação. As normas de tributação podem determinar que o dever de apuração e de recolhimento do tributo devido seja diário, semanal, trimestral, anual ou bianual (enfim, é matéria prescrita no direito positivo) e, ao assim fazê-lo, os deveres de emissão e de guarda de documentos fiscais estão confinados nesse período de tempo.

---

28. *Obrigação Tributária...*, cit., pp. 51-53.

O estado de sujeição para esses deveres é, portanto, perene. Por esta razão, José Souto Maior Borges assinala que "Se a obrigação tributária acessória fora algo diferente de uma obrigação no sentido estrito (obrigação propriamente dita), ainda assim seria, como a obrigação tributária principal, transitória. É dizer: extinguir-se-ia pelo seu cumprimento. Somente caberia então concluir que o dever, tanto quanto a obrigação, se extingue pelo cumprimento. Só num sentido, inteiramente diverso, poder-se-ia afirmar que o dever responde a um estado de sujeição permanente. Um sentido tão genérico e abstrato, que seria insuscetível de refutação ou corroboração. E, pois, metacientífico".[29]

Tais observações nos permitem concluir que a base empírica do nosso estudo é o texto legislado e somente a partir dele é que podemos construir os elementos identificadores das obrigações tributárias e das obrigações tributárias acessórias.

4.2 A teoria da patrimonialidade e da transitoriedade da obrigação tributária

A obrigação é uma categoria jurídico-positiva e não lógico-jurídica. Com isso, queremos dizer que é o direito positivo vigente, portanto, que estabelece se a obrigação tem ou não cunho patrimonial. Para que possamos aferir a existência de obrigação patrimonial ou não-patrimonial no sistema de direito positivo, devemos percorrer os seus limites, construindo o significado dos enunciados nele veiculados, a fim de verificar a existência de previsão do surgimento de um dever jurídico de cunho obrigacional que não possui a patrimonialidade como requisito.

4.2.1 Conceitos lógico-jurídicos e jurídico-positivos

"Conceito" é uma metalinguagem que identifica e constrói traços de unidade em certas camadas de linguagem distinguindo-as de outras que não preencham os traços classificatórios eleitos. E, nessa medida, não se confunde um conceito com a definição de um conceito (que é um conceito em si).

29. Idem, p. 52.

Como assinalam Celso Antônio Bandeira de Mello[30] e Juan Manuel Teran,[31] "conceito" é gênero do qual "conceito lógico-jurídico" e "conceito jurídico-positivo" são espécies.

O conceito lógico-jurídico é aquele que tem pretensão de validez universal e nisso muito se assemelha aos conceitos universais mencionados por Lourival Vilanova. Ele é qualificado como noção *a priori*, pois construída a partir da apreensão do direito positivo, com validez constante e permanente, independente das modificações do direito positivo.

Já o conceito jurídico-positivo é arquitetado a partir do texto legislado e qualifica uma realidade qualquer para fins de Direito, razão por que, alterando-se o texto, pode-se modificar igualmente o conceito que lhe é correlato. É um conceito, pois, *a posteriori*.

A função dos conceitos jurídico-positivos foi captada com argúcia por Celso Antônio Bandeira de Mello, para quem eles "(...) são os resultantes do delineamento legal de uma situação determinada, tendo em vista gizar o campo de aplicação, de um sistema de normas".[32]

Nessa medida, podemos afirmar, por exemplo, que o conceito de tributo foi edificado a partir do texto de direito positivo (sendo, portanto, um conceito jurídico-positivo), razão pela qual não há óbice lógico ou jurídico que impeça, no futuro, que o legislador venha a alterar de tal modo sua estrutura normativa que seja necessário reformular o conceito até então construído.

Convém assinalar já ter sido este raciocínio empreendido por Geraldo Ataliba, com a costumeira precisão, ao assentar que: "O conceito de tributo é nitidamente um conceito jurídico-positivo. Há de ser formulado, hoje, de modo diverso, relativamente ao passado. Sofreu evolução. Pode modificar-se e até desaparecer. Aquele, aqui vigente, pode não ser extensível a todos os sistemas atuais. Sua compreensão é maior ou menor aqui e alhures. Como todo conceito jurídico-positivo, é mutável, por reforma constitucional".[33]

Pensamos que as notas denotativas de uma obrigação estão plasmadas no texto do direito positivo (linguagem-objeto deste estudo) a partir

---

30. *Natureza e Regime Jurídico das Autarquias*, pp. 77-81.
31. *Filosofía del Derecho*, pp. 79-88.
32. *Natureza e Regime*..., cit., p. 80.
33. *Hipótese de Incidência Tributária*, p. 37, também em acordo com Estevão Horvath ("Mesa de Debates 'D' – Contribuições", *Revista de Direito Tributário* 87/92).

do qual podemos construir as suas notas conotativas. E com esta derradeira consideração, passamos a justificar as razões pelas quais entendemos que obrigação é um conceito jurídico-positivo.

4.2.2 A obrigação como conceito jurídico-positivo

Qualquer espécie de linguagem que descreva um determinado objeto de estudo é metalinguagem em relação à linguagem-objeto, ou seja, é uma linguagem que descreve outra linguagem.

O conceito jurídico-positivo é construído a partir da linguagem-objeto do direito positivo sendo, pois, sua metalinguagem. Já o conceito lógico-jurídico é construído a partir da linguagem do conceito jurídico-positivo sendo, desta forma, metametalinguagem do direito positivo.

É o direito positivo que fornece o elemento base para que se possam construir certas significações e rotulá-las como obrigacionais ou não. E isso porque em seus ramos didaticamente autônomos apontou-se a existência de obrigações.

Como o rótulo não se sobrepõe ao conteúdo, o direito positivo apontou a existência desse instituto jurídico, mas incumbe ao intérprete – como não poderia ser de outra forma –, a tarefa de defini-lo construindo seu sentido, conteúdo e alcance.

Em linha próxima ao que acabamos de assentar, José Souto Maior Borges pondera que: "(...) a obrigação não é uma categoria lógico-jurídica, mas jurídico-positiva, construção de Direito posto, é ao direito positivo que incumbe definir os requisitos necessários à identificação de um dever jurídico qualquer como sendo um dever obrigacional. Significa dizer: a obrigação é definida, em todos os seus contornos, pelo direito positivo".[34]

Assim, pensamos que os requisitos apontados pela doutrina para identificação da figura obrigacional – caráter pecuniário e transitoriedade, conjugados ou não entre si – demandam a investigação do direito positivo e não apenas de um específico ramo autônomo desse Direito.

É bem verdade que as construções doutrinárias vestibulares a respeito do tema foram sedimentadas no domínio do direito civil, o que

---

34. *Obrigação Tributária...*, cit., p. 38.

levou José Juan Ferreiro Lapatza a afirmar que "la definición del tributo como una obligación, ya se ha dicho, coloca al tributo sobre el fondo del derecho común de obligaciones y de la doctrina que, desde hace siglos, se ha elaborado sobre él. Desconocerlo supone privar al Ordenamiento de la coherencia interna que todo el ordenamiento reclama. Supone construir el Derecho tributario como una pieza 'dislocada' dentro del sistema jurídico, privándole de sus posibilidades de interpretación y aplicación coherente con el resto del ordenamiento", razão por que adverte, com propriedade, que "(...) pone de manifiesto cuan conveniente sería que quienes escriben sobre la obligación tributaria hubiesen leído antes un manual solvente de Derecho civil".[35]

Observe-se, contudo, que a figura das relações obrigacionais há muito extravasaram as fronteiras didaticamente autônomas do direito privado alçando outros setores do Direito. Assim, se para os limites da linguagem-objeto do direito privado, mormente do direito civil, as relações jurídicas obrigacionais possuem entre suas notas conotativas a patrimonialidade, não se pode inferir que esse elemento abarque a classe de todas as relações jurídicas obrigacionais construídas a partir do direito positivo.

Não se nega a possibilidade de edificar proposições jurídicas gerais e abstratas cuja conduta prescrita deve ser a obrigação de determinada pessoa fazer ou não fazer algo em relação a outra pessoa cujo respectivo objeto não é economicamente aquilatável. Com efeito, esse comando poderá ser despido de qualquer avaliação econômica, já que a conduta humana *per se* é insuscetível de avaliação patrimonial (ao contrário do bem jurídico a ela subjacente).

E a possibilidade de conversão do descumprimento dessa conduta humana em perdas e danos (veiculada em norma jurídica primária sancionatória), esta sim avaliável patrimonialmente, não tem o condão de tornar a relação jurídica base (veiculada em norma jurídica *stricto sensu* primária) suscetível de avaliação econômica. Nesta hipótese estaríamos diante de duas normas jurídicas distintas. Uma norma jurídica primária e outra, denominada primária sancionatória, que veicula em seu antecedente a previsão do descumprimento do comando previsto no

---

35. "Los esquemas dogmáticos fundamentales del Derecho Tributario", *Revista de Direito Tributário* 82/15-17.

conseqüente da norma primária e, no seu mandamento, a obrigação de pagamento de perdas e danos.

Justamente em razão disso entendemos que não prosperam os argumentos aduzidos pelo saudoso civilista Silvio Rodrigues,[36] para quem a patrimonialidade da obrigação decorreria da necessidade de sua conversão em dinheiro, por meio de perdas e danos, na hipótese de seu descumprimento.

Assim, um determinado sistema do direito positivo poderá conter comandos que prescrevem apenas e tão-somente o nascimento de obrigações de cunho exclusivamente patrimonial. Mas, em termos teóricos, há a possibilidade de uma norma jurídica prescrever o nascimento de uma relação jurídica obrigacional de cunho não-patrimonial.

É que sendo a obrigação uma categoria jurídico-positiva, um determinado sistema pode conter previsão legislativa no sentido de que essa espécie de relação jurídica não terá como característica a patrimonialidade; somente mediante a análise de cada ordenamento jurídico é que será possível aferir se a obrigação tem a patrimonialidade por predicado.

Com efeito, o direito positivo seleciona determinada classe de fatos de possível ocorrência no mundo fenomênico atrelando a eles conseqüências específicas. A norma jurídica prescreve certas condutas para os fatos ocorridos a partir de sua entrada em vigor – ainda que, em situações excepcionais, possa jurisdicizar determinados fatos ocorridos antes do momento em que teve aptidão para modalizar condutas humanas.

Com a ocorrência do evento previsto no antecedente da norma jurídica (geral e abstrata) e sua versão em linguagem competente (por meio da produção de uma norma individual e concreta)[37] surge no mundo fenomênico uma relação jurídica entre os sujeitos de direito indicados no conseqüente normativo, isto é, entre entidades titulares de direitos e obrigações.[38]

---

36. *Direito Civil – Parte Geral das Obrigações*, vol. 2, p. 6.
37. A versão em linguagem competente, mediante a produção de uma norma individual e concreta é, na visão de Paulo de Barros Carvalho (*Direito Tributário...*, cit., pp. 129 e ss.), condição necessária para que o fato jurídico tenha a sua ocorrência no mundo fenomênico juridicamente reconhecida.
38. Por isso um objeto não é parte de relação jurídica, já que não é titular de direitos e deveres.

A relação jurídica tem por conteúdo mandamentos cuja conduta prescrita pode ser obrigatória, permitida ou proibida (modais deônticos). Figurando esta conduta em estado de indeterminação (ser obrigado, permitido ou proibido em relação a quê?), é necessário, ainda, especificar qual é o seu objeto (fazer ou não fazer).

Ao lado desse elemento objetivo, o enunciado relacional terá como termo os sujeitos que, por um lado, estão obrigados a cumprir e, por outro, têm o direito de exigir o cumprimento de determinada obrigação. Contudo, a relação jurídica pode, em tese, prescrever que o objeto da conduta a ser adimplida pelo sujeito passivo pode ou não ter natureza obrigacional.[39] E, como dissemos, essa é uma questão a ser resolvida pela análise das disposições veiculadas no ordenamento jurídico.

Se, ao perfilarmos o ordenamento jurídico, formos capazes de construir uma relação jurídica obrigacional cujo bem jurídico não seja economicamente apreciável, então estaremos credenciados a afirmar que a patrimonialidade não é uma nota conotativa desse instituto, não sendo correta a afirmação estritamente universal de que toda obrigação é patrimonial.

Nesse ponto, creditamos nossas ponderações à construção inovadora empreendida por José Souto Maior Borges[40] que à toda evidência foi absorvida e acolhida nessa parte do presente estudo.

O art. 113, § 2º, do CTN prescreve que "a obrigação acessória decorre da legislação tributária e tem por objeto as prestações, positivas ou negativas, nela previstas no interesse da arrecadação e da fiscalização dos tributos". O conteúdo construído da "obrigação tributária acessória" consiste num fazer ou não fazer no interesse da arrecadação. O bem jurídico subjacente a essa relação não é determinável em termos patrimoniais.

---

39. Esta, aliás, é a mesma conclusão de Paulo de Barros Carvalho na seara do direito tributário, para quem: "Na locução 'relações tributárias', mesmo que o vocábulo 'relações' venha adjetivado, encontramo-nos também envolvidos com o tema da determinação significativa, uma vez que relações desse jaez se apresentam com especificidades que exigem e justificam terminologia adequada. Esse estado de indeterminação sugere, desde logo, uma classificação que o manejo das instituições positivas reivindica com insistência: relações tributárias de cunho obrigacional e relações tributárias não obrigacionais" (*Direito Tributário...*, cit., p. 164).

40. *Obrigação Tributária...*, cit.

O Código Tributário Nacional veiculou dispositivo normativo que permite desconstituir a construção teórica universal no sentido de que uma das notas conotativas desse instituto é a patrimonialidade. E assim o fez porque a análise de suas disposições permite edificar uma proposição normativa prevendo o surgimento de uma relação jurídica (denominada pelo ordenamento jurídico como obrigação) cujo bem jurídico não se reveste de denotação econômica.

Ora, se no campo das significações, o uso do signo "obrigação" pode ser empregado sortidamente em cinco variedades conotativas (conforme apontamos no Capítulo 4, item 4.1) e, por meio do processo de elucidação, esclarecemos que empregaríamos na acepção de relação jurídica, não podemos chegar a outra conclusão senão no sentido de que existem obrigações não-patrimoniais, porque construímos uma proposição normativa geral e abstrata (a partir dos vocábulos veiculados no art. 113 do CTN) que prevê o surgimento de uma relação jurídica com tal atributo.

Poder-se-ia sustentar, com fundamento no art. 110 do CTN, que, não podendo a "lei tributária (...) alterar a definição, o conteúdo e o alcance de institutos, conceitos e formas de direito privado", seria vedado ao intérprete pretender despir as obrigações do seu imprescindível elemento patrimonial reconhecido na seara do direito privado.

Entendemos que essa afirmativa não prospera porque (i) não há consenso entre os civilistas acerca dos elementos tipificadores das obrigações; (ii) a previsão desse dispositivo do Código Tributário Nacional é aplicável para delimitar a competência tributária das pessoas jurídicas de direito público com capacidade política (pessoas políticas), cujos efeitos não são extensíveis às denominadas "obrigações tributárias acessórias", já que elas não possuem tal atributo delimitador; e (iii) o instituto da obrigação não é limitado na esfera metodologicamente autônoma do direito privado, mormente do direito civil. Lá se moldaram seus conceitos fundamentais, mas há muito transbordou desses restritos limites.

Como o ordenamento jurídico fornece elementos que nos permitem construir relações jurídicas denominadas obrigacionais, cujo bem jurídico pode ou não ser economicamente mensurável, podemos afirmar que apenas as denominas obrigações tributárias principais são patrimonialmente quantificáveis, o que não se verifica em relação às denominadas obrigações tributárias acessórias. Nada mais além disso.

Entendemos, ainda, que a transitoriedade não é criterio cientificamente apto para classificar as obrigações. Essa afirmativa repousa na premissa de que nosso ordenamento jurídico não prevê obrigações imperecíveis no tempo. Assim, por mais dilatadas que as obrigações possam ser, mais cedo ou mais tarde elas fatalmente se extinguirão.[41]

Ora, se toda relação jurídica em nosso direito positivo é efêmera, esse atributo é inútil para efeitos classificatórios, pois não terá aptidão de edificar uma classe específica de obrigações apartando-as de outras.

E como as classificações no Direito visam a construir arbitrariamente classes para submetê-las a distintos regimes jurídicos, a transitoriedade das obrigações não é critério hábil para pretender submeter essa espécie de relação a um específico plexo de normas jurídicas *lato sensu*, distinto daquele incidente sobre outras obrigações. E isso sob o singelo fundamento de que não há obrigações perpétuas no Direito pátrio (que poderia ser a classe contraposta caso esse critério classificatório fosse possível).

Assim, em apertada síntese, concebemos que as denominadas "obrigações tributárias acessórias" veiculam mandamento cujo bem jurídico subjacente não é economicamente mensurável. Ainda assim, essa relação jurídica denota a existência de uma obrigação por preencher as notas conotativas desse conceito, entre as quais não se perfilam os atributos da patrimonialidade e da transitoriedade.

---

41. Nesse sentido é o pensamento de Sílvio de Salvo Venosa (*Teoria Geral das Obrigações e Teoria Geral dos Contratos*).

Capítulo 5
A DOUTRINA SOBRE A "OBRIGAÇÃO TRIBUTÁRIA ACESSÓRIA"

5.1 O pensamento de Arnaldo Borges. 5.2 O pensamento de Dino Jarach. 5.3 O pensamento de Geraldo Ataliba. 5.4 O pensamento de Hugo de Brito Machado. 5.5 O pensamento de José Eduardo Soares de Melo. 5.6 O pensamento de José Juan Ferreiro Lapatza. 5.7 O pensamento de José Souto Maior Borges. 5.8 O pensamento de José Wilson Ferreira Sobrinho. 5.9 O pensamento de Misabel de Abreu Machado Derzi. 5.10 O pensamento de Paulo de Barros Carvalho. 5.11 O pensamento de Roque Antonio Carrazza. 5.12 O pensamento de Rubens Gomes de Souza. 5.13 O pensamento de Sacha Calmon Navarro Coêlho. 5.14 Visão crítica do conjunto das construções doutrinárias sobre o tema.

Nossas considerações vestibulares sobre o tema desse estudo devem ser contrastadas com aquelas tecidas por parcela da doutrina existente, de tal maneira que possamos fixar as fronteiras nos pontos em que pretendemos avançar nossa meditação.

5.1 O pensamento de Arnaldo Borges[1]

Para o mestre pernambucano, a "obrigação tributária acessória" é a relação jurídica – desvinculada da denominada "obrigação tributária principal" –, cujo objeto é uma prestação de fazer, de não fazer ou de tolerar; tem por sujeito passivo aquela pessoa posta nesta condição pelas normas veiculadas na legislação de regência, cujos veículos introdutores estão arrolados no art. 96 do CTN.

O autor inicia seu plano de abordagem esclarecendo que, na visão dos civilistas, as obrigações possuem três elementos: vínculo jurídico;

---

1. "Obrigação tributária acessória", *Revista de Direito Tributário* 4/85-97.

duplo sujeito (ativo e passivo); e prestação de cunho patrimonial. Após destacar que a doutrina pátria não é uníssona em afirmar que patrimonialidade da prestação é elemento essencial ao vínculo obrigacional, conclui que o conceito de relação jurídica e obrigação pertencem àqueles denominados jurídico-positivos, sendo sua configuração jurídica ditada, pois, pelo direito positivo e não pela Ciência do Direito.

E justamente a partir dessas considerações conclui que "a patrimonialidade da prestação é requisito da relação jurídica em outros sistemas jurídicos, mas não no nosso (...) o CTN distinguiu, expressamente, dois tipos de obrigações tributárias: a principal e a acessória. Assim procedendo estatui que o conteúdo da prestação da obrigação que designou de principal seria um dar dinheiro ou coisa que nele pudesse se exprimir (...) Isto é verdade, não porque o CTN tenha estabelecido que a prestação da obrigação tributária deva ter o caráter patrimonial, mas, porque ele determinou que o objeto de uma obrigação que chamou de principal assim deveria ser. Todavia, em relação às obrigações acessórias o CTN prescreveu, apenas, que seu objeto, são as prestações de fazer, não fazer ou tolerar".[2]

Por fim, o autor critica o sentido da prescrição atécnica veiculada pelo § 3º do art. 113 do CTN, pois "(...) o descumprimento da obrigação acessória não pode convertê-la em obrigação principal relativamente à penalidade pecuniária", visto que, "(...) em primeiro lugar, o descumprimento de um dever jurídico é um ato ilícito e deste, como foi visto, não se irradia obrigação tributária principal, cuja hipótese de incidência é sempre um fato lícito. Em segundo lugar, como também já foi exposto, a obrigação tributária principal não pode ter como objeto uma penalidade pecuniária".[3]

5.2 O pensamento de Dino Jarach[4]

O tributarista portenho inicia sua abordagem sobre o tema segregando, em seu juízo, o direito tributário substantivo ou material do direito tributário administrativo ou formal.[5] Insertos no conceito da primeira

2. Idem, p. 94.
3. Idem, p. 88.
4. Segundo colhemos do seu *Curso Superior de Derecho Tributario*.
5. Define o primeiro como "el conjunto de las normas que definen los supuestos de las obligaciones tributarias, cuyo objeto es la prestación del tributo y las obligaciones

estão as normas jurídicas primárias que prescrevem a formação de relações jurídico-tributárias e, no segundo, atividades previstas geral e abstratamente, por exemplo, em normas jurídicas secundárias.

Emprega as expressões "obrigações acessórias" e "deveres formais" como sinônimas e enuncia que seu objeto consiste numa prestação de fazer, de não fazer e de tolerar, sendo despicienda a existência de outra relação jurídica para que esses deveres desencadeiem os seus efeitos.

5.3 O pensamento de Geraldo Ataliba[6]

O mestre de todos nós, ao adotar como premissa o entendimento majoritário da doutrina civilista, sustentava que uma relação jurídica é obrigacional quando o vínculo formado entre os seus sujeitos é transitório e economicamente mensurável, razão por que não se concebe a existência de obrigação tributária cujo objeto não seja passível de conversão em pecúnia.

Com efeito, a relação jurídica obrigacional tem em seus pólos o *credor* (Estado) e o *devedor* (contribuinte). Essa relação jurídica, cujo conteúdo é o poder (e dever) de cobrar, de um lado, e a obrigação (dever) de pagar, de outro, denomina-se relação jurídica tributária.[7] Subjacente a essa relação jurídica encontra-se seu objeto, que é uma obrigação economicamente mensurável.

Daí porque averba que: "Dentre seus traços característicos devem salientar a patrimonialidade – ou cunho patrimonial, conversibilidade em expressão monetária do núcleo da prestação – e a transitoriedade. Esta última peculiaridade tem sido negligenciada por não poucos bons escritores, o que se constitui em grave – para não dizer imperdoável –

accesorias como también la relación que surge del pago indebido (...)"; e o segundo "como conjunto de normas y principios que rigen la actividad de la administración pública en lo referente a los tributos. Las relaciones jurídicas comprendidas en este derecho no son obligaciones de dar, sino de hacer o no hacer o soportar (...) El fin del Derecho Tributario Administrativo es la recaudación, concepto este que no abarca solamente la función de cobrar o percibir los tributos sino también la de hacer valer la pretensión tributaria que surge del Derecho Tributario Material" (*Curso Superior de Derecho Tributario*, pp. 15-16).

6. Colacionado em pequeno rol de sua vasta produção acadêmica, a saber: *Noções de Direito Tributário*; *Hipótese de Incidência Tributária*; *Interpretação no Direito Tributário* e *Empréstimos Públicos e seu Regime Jurídico*.

7. *Noções de Direito Tributário*, p. 42.

omissão",[8] mormente porque outras relações jurídicas, como aquelas insertas no denominado "direito real", têm um sentido de perenidade constituindo-se para durar indefinidamente.

O jurista repudia a nomenclatura utilizada pelo Código Tributário Nacional para designar os mandamentos impostos ao contribuinte para fazer algo, deixar de fazer algo ou suportar algo no interesse da arrecadação e da fiscalização tributária como obrigação tributária,[9] por que esses comandos imperativos não têm em seu conteúdo o atributo da patrimonialidade.

Como o mestre laborava no altiplano da metalinguagem da Ciência do Direito, passou a designar esses mandamentos como deveres (qualificando-os como deveres administrativos) e não como obrigações.

Além disso, escorando-se novamente nas lições de doutrinadores civilistas, firmou entendimento no sentido de que não há um vínculo acessório entre esse dever e a obrigação tributária principal. Com efeito, para que esse dever possa ser assim adjetivado, observado o correspondente regime jurídico, é imprescindível que o seu surgimento esteja atrelado ao nascimento da obrigação de uma pessoa em entregar determinada quantia de dinheiro ao erário, o que não é regra.

5.4 O pensamento de Hugo de Brito Machado[10]

O Professor Hugo de Brito Machado não critica a expressão obrigação tributária acessória empregada pelo texto de direito positivo para

---

8. *Empréstimos Públicos e seu Regime Jurídico*, p. 2.

9. Para esse publicista maior: "Prevê o Direito Tributário, ao lado das *obrigações tributárias principais*, as *obrigações tributárias acessórias*, que se referem à fiscalização. Não tem por objeto qualquer pagamento, mas *prestações positivas* (declarar rendimentos, informar, manter livros, extrair notas fiscais etc.), *prestações negativas* (não iniciar atividades sem inscrição fiscal, não efetuar certos contratos sem prova de pagamento de tributos etc.)", razão por que "(...) *obrigação tributária acessória* é a de praticar certos atos ou abster-se de outros, em virtude de lei que, assim determinando, visa a garantir o cumprimento da obrigação principal e facilitar a fiscalização desse cumprimento" (*Noções de Direito Tributário*, pp. 13 e 44, respectivamente).

10. Extraído de seu *Curso de Direito Tributário* e dos seguintes artigos "Obrigação tributária acessória e abuso do poder-dever de fiscalizar", *Revista Dialética de Direito Tributário* 24, e "Fato gerador da obrigação acessória", *Revista Dialética de Direito Tributário* 96.

veicular prescrições normativas de estrutura que permitam a criação de prestações, positivas ou negativas, no interesse da arrecadação ou da fiscalização de tributos.

A uma, porque entende que no plano dogmático é possível a existência de obrigações sem conteúdo patrimonial (razão que justificaria a utilização dessa expressão em vez do vocábulo "deveres"). A duas, porque o caráter acessório para o direito tributário é distinto daquele construído na seara do direito privado (segundo o qual uma obrigação terá esse atributo quando estiver umbilicalmente atrelada a outra).

Deveras, as obrigações tributárias acessórias "só existem em função das principais, embora não exista necessariamente um liame entre determinada obrigação principal e determinada obrigação acessória. Todo o conjunto de obrigações acessórias existe para viabilizar o cumprimento das obrigações principais", tendo por objetivo, pois, "(...) viabilizar o controle dos fatos relevantes para o surgimento de obrigações principais",[11] razão pela qual essa expressão descreve univocamente a linguagem-objeto veiculada no art. 113 do CTN.

A norma jurídica que veicula em seu conteúdo a previsão do surgimento das denominadas obrigações tributárias acessórias prescreve um mandamento consistente em um fazer, em um não fazer ou em um tolerar. Essa norma deve ingressar no ordenamento jurídico por meio de um dos atos normativos insertos na classe de legislação tributária definida no art. 96 do CTN.[12]

Com efeito, o art. 115 do CTN veicula comando geral e abstrato fixando como hipótese de incidência da norma jurídica que preveja o nascimento da obrigação tributária acessória aquela situação prevista na legislação aplicável. Como o vocábulo empregado nesse dispositivo complementar é legislação e não lei, Hugo de Brito Machado firma entendimento no sentido de que os atos normativos arrolados no art. 96 do CTN (integrantes da "legislação tributária") podem inovar o ordenamento jurídico fixando não só o evento que será alçado à condição de fato jurídi-

---

11. *Curso de Direito Tributário*, p. 136.
12. Segundo esse dispositivo complementar, a expressão "legislação tributária" compreende as leis, os tratados e as convenções internacionais, os decretos e as normas complementares que versem, no todo ou em parte, sobre tributos e relações jurídicas a eles pertinentes.

co, mas, também, os demais aspectos da norma jurídica instituidora de obrigação tributária acessória.[13]

Além disso, o comando normativo que cria uma obrigação acessória não outorga ao sujeito ativo o direito subjetivo de exigir um determinado comportamento do sujeito passivo (de tal maneira que ele possa obrigá-lo a fazer, a não fazer ou a tolerar determinada conduta). Enseja, pelo contrário, o poder jurídico de o sujeito ativo aplicar uma sanção pecuniária contra aquele que descumpriu o conteúdo daquela obrigação acessória.

Em razão da aplicação dessa penalidade pecuniária surge para o sujeito ativo da obrigação tributária acessória o direito subjetivo de exigir o pagamento desse valor, que poderá ser constituído como crédito tributário para fins de cobrança, a teor do permissivo veiculado no § 3º do art. 113 do CTN.[14]

5.5 O pensamento de José Eduardo Soares de Melo[15]

Na mesma trilha firmada por outros autores, Soares de Melo professora entendimento no sentido de que as obrigações tributárias acessó-

13. Em recente artigo, Hugo de Brito Machado colocou às claras seu posicionamento sobre o tema, reforçando seu entendimento a respeito da matéria ("Obrigação tributária acessória...", cit., pp. 61-67), assentando que: "A doutrina que tenta colocar as obrigações acessórias no âmbito da legalidade estrita é, sem dúvida, respeitável, sobretudo pela intenção de reforçar as garantias do contribuinte. Não nos parece, porém, defensável em face do Código Tributário Nacional, que exclui expressamente as obrigações acessórias do princípio da legalidade estrita. (...)

"É certo que a lei faz parte da legislação tributária e está indicada em primeiro lugar no elenco dos atos normativos indicados no art. 96, entretanto, como a legislação, ali definida, abrange outros atos normativos, não há como se possa sustentar que somente a lei pode criar obrigações acessórias.

"Preferimos, portanto, admitir que o Código Tributário Nacional autoriza a criação de obrigações acessórias por outros atos normativos, além da lei, e sustentar que só se incluem no conceito de obrigações acessórias aqueles deveres cujo cumprimento seja estritamente necessário para viabilizar o controle do cumprimento da obrigação principal" ("Fato gerador da obrigação acessória", cit., p. 32).

14. Nas palavras desse autor, "o inadimplemento da uma obrigação acessória não a converte em obrigação principal. Ele fez nascer para o fisco o direito de constituir um crédito tributário contra o inadimplente, cujo conteúdo é precisamente a penalidade pecuniária, vale dizer, a multa correspondente" (*Curso de Direito Tributário*, p. 135).

15. Extraído de seu *Curso de Direito Tributário*.

rias atribuem deveres aos administrados para que, mediante um fazer, um não fazer ou um tolerar desprovidos do caráter patrimonial, registrem e documentem fatos que tenham, ou possam ter, implicações tributárias.[16]

Ainda que esses deveres – nomenclatura eleita pelo autor – não sejam propriamente acessórios por não estarem obrigatoriamente atrelados à existência de uma obrigação tributária principal, "a importância dessa mera acessoriedade é patente na medida em que a infringência aos termos legais podem nem mesmo tipificar crime contra a ordem tributária, e até mesmo possibilitar a relevação de penalidade pelo órgão julgador, diante da inexistência de efetivo dano ao Erário".[17]

5.6 O pensamento de José Juan Ferreiro Lapatza[18]

O professor Catedrático da Universidade de Barcelona principia sua abordagem do tema informando, a seu juízo, as descrições tradicionalmente aceitas do conceito de tributo. A primeira, com grande concordância entre os doutrinadores daquele País, define tributo como prestação coativa. No entanto, como a prestação é o objeto de uma obrigação e todas as obrigações são, em última instância, coativas,[19] esse conceito não seria útil para separar as diversas espécies de obrigações dentro do sistema de direito positivo. A segunda, acolhida pelo autor, define tributo como uma obrigação.

Como uma relação obrigacional (ou relação jurídico-tributária[20]) o tributo une, pelo princípio da igualdade, os sujeitos da relação jurídica

---

16. *Curso de Direito Tributário*, p. 178.
17. Idem, ibidem.
18. Extraídos do conjunto dos seguintes textos: "Los esquemas dogmáticos fundamentales del Derecho Tributário", *Revista de Direito Tributário* 82/7-20, e "Relación jurídico-tributária – La obligación tributaria", *Revista de Direito Tributário* 41/7-35.
19. Nem poderia ser de outra forma. Deveras, atuando o Direito no plano do dever-ser, ele não chega a tocar a realidade social (onde as coisas efetivamente são, *i.e.*, ocorrem concretamente em razão de relação de causalidade). Assim, ausente a previsão normativa autorizando a aplicação de penalidades na hipótese de descumprimento de condutas prescritas pelo ordenamento jurídico, o Direito é incapaz de atingir a finalidade que preside a sua existência pela amputação do instrumento idôneo capaz de coagir as pessoas a cumprirem os mandamentos jurídico-positivos.
20. Para José Juan Ferreiro Lapatza: "Entendiendo por relación jurídica un vínculo jurídico entre sujetos en donde al menos uno de ellos es titular de un Derecho subjeti-

(Estado e contribuinte). Deveras, por força do princípio da separação dos Poderes – acolhido pelo ordenamento jurídico espanhol e nacional – separa-se o exercício do poder tributário dos demais planos de atuação do Estado.

Mediante essa construção afasta-se a atuação do "poder tributário" do plano abstrato – em que o poder é exercido em relação a uma gama indeterminada de pessoas, traduzindo-se, em direito tributário, na produção de normas jurídicas que prescrevem a instituição e cobrança de tributos – do plano concreto, onde a Administração aplica efetivamente essas normas jurídicas.[21]

Nesse segundo plano, a obrigação tributária rompe seu vínculo com o Poder Legislativo que o estabelece em razão da produção da norma individual e concreta. E nesse sentido Estado e contribuinte não estão atrelados por um vínculo vertical em cujo extremo superior situa-se o Estado (em seu viés legislativo) e em cujo extremo inferior encontra-se o cidadão. Pelo contrário. Produzida a norma individual e concreta forma-se entre essas pessoas um vínculo horizontal cujos pólos da relação têm, a um só tempo, direito e obrigações.

Essa construção tem o mérito de demonstrar que o vínculo que une Estado e particular – que obriga o segundo a entregar ao primeiro uma determinada quantia de dinheiro a título de tributo – não é uma relação jurídica de poder (vertical), mas, sim, obrigacional (horizontal), o que garante o implemento do Estado de Direito.

Sendo o tributo uma obrigação de dar dinheiro ao Estado, Lapatza buscou reconhecer no ordenamento jurídico espanhol quais as classes de obrigações existentes e verificar sua eventual correspondência com o

---

vo, correspondiendo, por tanto, a otro el carácter de obligado (...). Los vínculos y relaciones creados y disciplinados normal y fundamentalmente por tales normas son en este sentido vínculos y relaciones jurídico-tributarias" ("Relación jurídico-tributaria – La obligación tributaria", *Revista de Direito Tributário* 41/8).

21. Embora essa idéia não tenha sido expressamente consignada no texto de autoria desse professor espanhol ("Los esquemas dogmáticos fundamentales...", cit., pp. 7-20), resta às claras que o plano normativo geral e abstrato obrigará sujeitos de direito quando for aplicado, *i.e.*, quando for objeto de produção de norma individual e concreta pelo agente credenciado pelo sistema. Diz o professor que "(...) la personificación del Estado cuando se mueve en este segundo plano, concreto, de aplicación de normas abstractas y generales, hace posible su relación con los ciudadanos, en este caso con los ciudadanos contribuyentes (...)" ("Relación jurídico-tributaria...", cit., p. 11).

direito tributário. Obrado nesse intento, propôs a existência das seguintes classes de obrigações tributárias: (i) principal – que surge com a realização do "hecho imponible" e tem por objeto a prestação devida a título de tributo; (ii) acessórias da obrigação tributária principal, tais como "obligaciones a cuenta" e "obligaciones del responsable" – cujo nascimento está desatrelado do surgimento da obrigação tributária principal ainda que tenha a mesma finalidade, qual seja, o cumprimento de dever surgido com a ocorrência do fato jurídico tributário decorrente; (iii) obrigações tributárias subsidiárias cujo nascimento está atrelado à existência de uma obrigação tributária principal mas que, uma vez surgida, lhe é atribuída plena autonomia em relação à principal; e, por fim, (iv) obrigações acessórias em sentido estrito que dependem do nascimento da obrigação tributária principal ou subsidiária diferenciando-se delas pelo seu conteúdo já que nesse conceito incluem-se as penas pecuniárias, os juros etc.

Nota-se que, pela classificação construída pelo professor espanhol a partir da linguagem-objeto fornecida pelo ornamento jurídico da Espanha,[22] a patrimonialidade é um atributo inerente ao conteúdo do objeto das obrigações tributárias, independente da sua espécie.

A par dessas obrigações insertas no campo metodológico do direito tributário material (que abarca as normas jurídicas que prescrevem o nascimento, os sujeitos, o conteúdo e a extinção das obrigações tributárias) existem aquelas obrigações de caráter instrumental que prescrevem comandos tendentes a possibilitar e facilitar o cumprimento dos mandamentos normativos do direito tributário material (direito tributário adjetivo).

Essa obrigação de caráter instrumental a que se refere Lapatza, entre nós denominada "obrigação tributária acessória", dever instrumental ou, ainda, dever formal, pode apresentar caráter autônomo em relação à obrigação tributária principal, acessória, subsidiária e acessória em sentido estrito. O cumprimento de seus comandos, numa visão orgânica,

---

22. O cientista precavido, atento aos ensinamentos de Geraldo Ataliba (*Sistema Constitucional Tributário*, pp. XI a XXVI), não deve importar essa definição e aplicá-la em nosso ordenamento jurídico como um conceito lógico-jurídico quando, pelo contrário, é um conceito jurídico-positivo construído com grande brilho a partir do Direito positivo espanhol. Não se trata, pois, de um produto científico pronto para transposição e absorção *in totum* pelos nossos doutrinadores.

não é um fim em si mesmo, eis que eles servem de instrumento para efetiva aplicação das obrigações tributárias de conteúdo patrimonial (inexistente nessa espécie), ainda que tenham em determinadas hipóteses o atributo da acessoriedade.

5.7 O pensamento de José Souto Maior Borges[23]

Esse jusperito pernambucano elaborou estudo primoroso sobre o tema, que destacamos, parcialmente, em nosso trabalho.

Acolhe ele, como pressuposto de sua análise, que a ciência jurídica tem por objeto categorias específicas (sua linguagem-objeto). Assim, entendendo-se que a obrigação é uma categoria específica (porque situada no plano de conhecimento do direito positivo), a linguagem que descreve esse plano é, em relação a ela, metalinguagem e, portanto, uma categoria geral.

Distingue Teoria Geral do Direito da Ciência do Direito, apontando que esta é linguagem-objeto daquela, pois descreve os pontos de intersecção das várias ciências do Direito (constitucional, administrativo, tributário, cível, penal etc.).

Para o autor, dever é uma categoria genérica (construída no altiplano da Teoria Geral do Direito) e obrigação é uma categoria específica (construída no plano da Ciência do Direito). Não se trata de uma relação entre espécie e gênero como se poderia supor, mas entre forma (categoria formal estudada e descrita pela Teoria Geral do Direito) e conteúdo (categoria dogmática estudada pela ciência jurídica específica).

Sendo isso um pressuposto, conclui que a obrigação não é uma categoria lógico-jurídica, mas, sim, jurídico-positiva, já que sua linguagem-objeto é o direito positivo. Dever, este sim, é uma categoria lógico-jurídica, pois construída a partir da linguagem-objeto jurídico-positiva (ou seja, metametalinguagem do direito positivo). Assim se o direito positivo prescreve a existência de obrigações com e sem conteúdo economicamente apreciável, então sua metalinguagem descreverá essa situação.

Nesse sentido, o art. 113 do CTN veicula em seu conteúdo dever jurídico pecuniário (obrigação tributária principal) e dever jurídico não-pecuniário (obrigação tributária acessória).

23. Que pensamos ter apreendido de suas lições em *Obrigação Tributária (uma introdução metodológica)* e "Princípio constitucional da legalidade e as categorias obrigacionais", *Revista de Direito Tributário* 23-24/83-90.

Demostra o jurista que a patrimonialidade da obrigação é um problema de direito positivo, uma opção do legislador, portanto, que não deve contaminar a meta-metalinguagem da Teoria Geral do Direito. Com efeito, somente haverá deveres jurídicos pecuniários se a metalinguagem da Ciência do Direito, descrevendo o conjunto de disposições normativas existentes e válidas no ordenamento jurídico, lograr êxito nesse intento. Se, pelo contrário, a linguagem-objeto da Ciência do Direito prescrever a existência de obrigações não-patrimoniais, haverá dever jurídico não-patrimonial e patrimonial.

O ser-patrimonial da obrigação (metalinguagem) não interfere na construção do dever, (metametalinguagem). A construção do sentido, conteúdo e alcance do dever está despregada desse elemento (mutável ao sabor dos órgãos credenciados pelo sistema para inovar o ordenamento jurídico), assim como da pretensa transitoriedade das obrigações.

E isso porque as obrigações podem ter seu prazo de vigência prefixados, no tempo e no espaço, conforme preceitua a Lei de Introdução ao Código Civil. Se esses limites não forem fixados, haveria uma delimitação congênita, qual seja, o advento de uma norma derrogatória (aí estaria indiretamente prefixada sua vigência no tempo).

As normas jurídicas, uma vez individualizadas, também têm prazo de validade prefixado no tempo e no espaço. Com efeito, para o autor, um comportamento será havido como obrigatório, permitido ou proibido em relação a um determinado período temporal. Assim, ações ou omissões humanas não podem ser disciplinadas (de maneira modalizada) sem que a norma jurídica fixe as coordenadas de tempo em que tais condutas serão juridicamente relevantes para que ela possa ser aplicada.

A par dessas considerações, entende ele que o primado da legalidade obriga os deveres jurídicos (patrimoniais ou não), que veiculam uma ação positiva ou negativa (ação ou omissão), serem introduzidos no ordenamento jurídico por meio de lei formal.

5.8 O pensamento de José Wilson Ferreira Sobrinho[24]

Para o mestre pernambucano, a doutrina civil advoga de maneira equivocada a tese – enunciado estritamente universal[25] – no sentido de

---

24. "Obrigação tributária acessória", *Revista de Direito Tributário* 36/191-204.
25. Ao lado dos enunciados (construídos em metalinguagem do Direito) estritamente universais, que pretendem ser verdadeiros em qualquer momento do tempo e do

que as obrigações possuem dois elementos indispensáveis à sua configuração: a patrimonialidade e a transitoriedade.

Entende ele que não é requisito indispensável para configuração de uma obrigação que seu objeto tenha conteúdo pecuniário, pois o ordenamento jurídico não prescreve que a patrimonialidade seja atributo inerente a essa categoria de Direito.

Nesse sentido, falseia o enunciado estritamente universal no sentido de que as obrigações têm conteúdo economicamente mensurável ao apontar, no ordenamento jurídico brasileiro, uma obrigação despida desse atributo: a obrigação tributária acessória.

Discorda da doutrina que sustenta ser a obrigação tributária acessória um mero dever administrativo. E isso porque, sendo o dever pertencente à categoria de Direito positivo (inserta no plano da linguagem-objeto) a obrigação tributária é descrita (em metalinguagem da Teoria Geral do Direito) como dever jurídico. E assim sendo, a terminologia correta para a hipótese é "dever administrativo tributário", acolhendo, pois, o pensamento de José Souto Maior Borges nesse particular.

Não aceita ele a utilização da expressão dever, em contraposição a obrigação, sob o argumento de que "(...) o dever individualizado como obrigação não tem essa individualização determinada pela transitoriedade do vínculo obrigacional, mas sim pelo seu conteúdo (...)".[26]

Quanto ao segundo elemento supostamente inerente a toda e qualquer obrigação – transitoriedade – refuta ele esse atributo (estritamente universal), pois demonstra que o direito positivo, ao criar a obrigação tributária acessória, fê-lo desvestido desse predicado.

5.9 O pensamento de Misabel de Abreu Machado Derzi[27]

A doutrinadora mineira adere ao pensamento de José Souto Maior Borges para concluir, com fundamento nas premissas do jurisconsulto

---

espaço, encontram-se aqueles numericamente universais, que se referem a uma classe limitada (finita, portanto) em determinado momento do tempo e do espaço. Essa noção construída por Karl Popper (*Lógica da Pesquisa Científica*, pp. 64-65) foi expressamente acolhida por José Wilson Ferreira Sobrinho em seu texto.
   26. "Obrigação tributária acessória", cit., p. 197.
   27. Extraído das anotações de Misabel de Abreu Machado Derzi, em *Direito Tributário Brasileiro*.

pernambucano, que o caráter patrimonial não é elemento inerente às obrigações, podendo o legislador criar obrigações patrimoniais e obrigações não-patrimoniais conforme melhor lhe aprouver.

Além disso, sufraga entendimento de que é nota essencial das obrigações sua necessária correspondência a deveres jurídicos, pois "(...) toda obrigação, no sentido material positivo, configura também um dever, no plano lógico-jurídico (...)".[28] Como o Código Tributário Nacional qualificou esses deveres em obrigacionais – afastando-os daqueles deveres facultativos –, nenhum inconveniente lógico ou jurídico ao denominar o dever consistente num fazer, num não fazer ou num suportar de obrigação tributária acessória.

É que, ao assim fazê-lo, afastou essa figura de outro dever denominado pelo Código Tributário Nacional "obrigação tributária principal".

Com efeito, sendo o conceito de obrigação tributária principal mais amplo que o conceito de tributo cunhado pelo art. 3º do CTN, em sua hipótese (aspecto material) está descrito um fato lícito (tributo) e um fato ilícito (penalidade pelo descumprimento do dever de recolher ao erário o valor devido a título de tributo); a natureza de sua prestação será a entrega de dinheiro ao Estado a título de tributo (obrigação tributária em sentido estrito) ou sanção pecuniária (decorrente da aplicação da penalidade).

Já a regra-matriz da obrigação tributária acessória tem por hipótese de incidência um fato lícito específico inestimável patrimonialmente e por mandamento a obrigação do sujeito passivo de escriturar, emitir notas fiscais, prestar declarações, tolerar fiscalizações, exibir livros etc.

Para essa autora "A lei cria os deveres acessórios, em seus contornos básicos, e remete ao regulamento a pormenorização de tais deveres. Mas eles são e devem estar plasmados, modelados e informados na própria lei". E, nessa medida, o Código Tributário Nacional "(...) não rompe com o princípio fundamental da legalidade, apenas reconhece que existe margem de discricionariedade para que, dentro dos limites da lei, o regulamento e demais atos administrativos normativos explicitem[29] a própria lei, viabilizando sua fiel execução".[30]

---

28. *Direito Tributário Brasileiro...*, cit., p. 700.
29. Ao utilizar os vocábulos "pormenorizar" e "explicitar", a autora deixa claro que não se trata de ato normativo infralegal produzido com a finalidade de interpretar outra norma jurídica a teor do disposto no inc. I do art. 106 do CTN, mas, sim, de fixar, ante o texto aberto da lei, as hipóteses de incidência de seus comandos normativos.
30. *Direito Tributário Brasileiro...*, cit., pp. 709-710.

E, nessa medida, discorda do pensamento de Sacha Calmon Navarro Coêlho ao conceber que a incidência dos comandos normativos da norma jurídica, que veicula as obrigações tributárias acessórias, demanda a ocorrência, no mundo fenomênico, do fato jurígeno.

5.10 O pensamento de Paulo de Barros Carvalho [31]

Para o professor paulista, entre as possíveis acepções que a expressão "relação jurídica" experimenta em nosso direito positivo, a metalinguagem do Direito define esse instituto como "(...) o vínculo abstrato, segundo o qual, por força da imputação normativa, uma pessoa, chamada de sujeito ativo, tem o direito subjetivo de exigir de outra, denominada sujeito passivo, o cumprimento de certa prestação".[32]

Subjacente a essa relação jurídica, definida em linguagem própria da Ciência do Direito, existe um objeto ao qual convergem o direito subjetivo do sujeito ativo e o correspondente dever jurídico do sujeito passivo. Sendo esse objeto economicamente mensurável, estamos diante de uma obrigação; despindo-se esse objeto desse atributo patrimonial, estar-se-á diante de meros deveres.

Com efeito, num primeiro momento, esse jusfilósofo acolheu a "elaboração milenar" de obrigação construída pelo direito privado para conceituá-la como o vínculo jurídico de natureza transitória pelo qual uma pessoa pode exigir de outra determinada prestação de conteúdo economicamente apreciável.[33]

Após nova meditação sobre o tema, entendeu que a transitoriedade não é elemento hábil para configuração de uma obrigação, eis que toda relação jurídica – de conteúdo patrimonial ou não – é efêmera,[34] razão pela qual passou a acolher o vocábulo "obrigação" como sinônimo de

---

31. Colhido do conjunto de suas obras: *Curso de Direito Tributário*; *Teoria da Norma Tributária*; *Fundamentos Jurídicos da Incidência Tributária*; "A relação jurídica tributária e as impropriamente chamadas obrigações tributárias acessórias", *Revista de Direito Público* 17; e "Obrigação Tributária", *Comentários ao Código Tributário Nacional*, vol. 3, pp. 117-191.

32. *Curso de Direito Tributário*, pp. 279-280.

33. Esse pensamento está consignado em "A relação jurídica tributária e as impropriamente chamadas obrigações tributárias acessórias", *Revista de Direito Público* 17/384.

34. *Teoria da Norma Tributária*, pp. 151-152.

"relação jurídica patrimonial",³⁵ desprezando a transitoriedade como elemento relevante para descrevê-la.

A evolução do seu pensamento também se verifica nas críticas tecidas à acepção veiculada no Código Tributário Nacional – obrigação tributária acessória –, pois (i) não podendo o objeto dessa relação jurídica – consistente numa obrigação de fazer ou não-fazer – ser traduzido em pecúnia, sua natureza jurídica não é de cunho obrigacional; (ii) nem sempre terá natureza acessória de tal maneira que sua formação e extinção esteja atrelada a outra (denominada de principal).³⁶

Por esse motivo, opta por designar essa relação jurídica pela expressão "deveres instrumentais ou formais". Emprega o vocábulo (i) "deveres" para demonstrar que o mandamento da norma jurídica que o veicula carece de atributos da patrimonialidade e (ii) instrumentais ou formais, pois são os instrumentos normativos que a Administração dispõe para verificação do cumprimento dos mandamentos insertos no campo metodologicamente autônomo do direito tributário.

Entende, ainda, que o primado da legalidade demanda que lei formal crie deveres instrumentais (art. 5º, II, da CF), razão por que nem mesmo a lei pode equiparar esse dever à norma primária sancionatória. Dessa forma, constrói interpretação no sentido de que o § 2º, do art. 113 do CTN pretendeu atribuir à sanção pecuniária imposta pelo descumprimento de uma relação jurídico-tributária patrimonial ou não os mesmos expediente adjetivos existentes para exigência de créditos tributários.

E para que esses deveres (veiculados em normas jurídicas gerais e abstratas) possam regular efetivamente as condutas humanas, é imperiosa a produção de uma norma individual e concreta.³⁷

35. O autor adverte que "(...) a relação jurídica se instaura por virtude de um enunciado fático, posto no conseqüente de uma norma individual e concreta, uma vez que, na regra geral e abstrata, aquilo que encontramos são classes de predicados que um acontecimento deve reunir para tornar-se fato concreto, na plenitude de sua determinação empírica" (*Fundamentos Jurídicos da Incidência Tributária*, p. 145).
36. Num primeiro momento esse autor designava essa relação jurídica como "deveres acessórios" ("A relação jurídica tributária...", cit.) e somente num segundo momento alterou seu entendimento sobre o tema passando a denominá-la "deveres instrumentais" ("Obrigação tributária", cit., pp. 154 e 155).
37. Paulo de Barros Carvalho assenta: "Creio ser inevitável, porém, insistir num ponto, que se me afigura vital para a compreensão do assunto: a norma geral e abstrata, para alcançar o inteiro teor de sua juridicidade, reivindica, incisivamente, a edição de

5.11 O pensamento de Roque Antonio Carrazza[38]

O jurista Roque Carrazza inicia seu estudo indicando a doutrina que pretendeu descrever as diferenças que apartam as obrigações dos deveres. Num primeiro momento, calcado nas lições de doutrina civilista eleita, firma entendimento no sentido de que a patrimonialidade e a transitoriedade são os únicos elementos que permitem apartar essas duas figuras, pois apenas as obrigações (i) são economicamente mensuráveis e (ii) se extinguem no exato momento em que o credor recebe do devedor aquilo que lhe é devido.

Para Massimo Severo Giannini,[39] o elemento que separa essas duas figuras é a circulação jurídica, enquanto, na visão de Paulo de Barros Carvalho,[40] as obrigações têm seu conteúdo determinável economicamente, o que não se verifica em relação aos deveres instrumentais, opinião compartilhada por Roque Antônio Carrazza.[41]

Para esse autor, os deveres instrumentais (i) são relações jurídico-tributárias cujo objeto desprovido de conteúdo patrimonial prescreve um fazer, um não fazer ou um tolerar, (ii) nascem com grau eficacial médio,[42] sendo despicienda a ulterior produção de atos administrativos para

norma individual e concreta. Uma ordem jurídica não se realiza de modo efetivo, motivando alterações no terreno da realidade social, sem que os comandos gerais e abstratos ganhem concreção em normas individuais" (*Fundamentos Jurídicos da Incidência Tributária*, p. 218), razão por que "(...) em certas circunstâncias, o legislador determina a necessidade absoluta de que o fato jurídico, para existir como tal, venha revestido de linguagem competente, como no caso do tributo; em outras, porém, faz incidir a linguagem *para qualificar a conduta oposta*, vale dizer, aquela que identifica o inadimplemento da prestação, permanecendo a observância, isoladamente considerada, no domínio dos meros fatos sociais, sem o mesmo timbre de juridicidade" (ob. cit., p. 221, destaques do autor).

38. Extraído de sua obra *O Regulamento no Direito Tributário Brasileiro*.
39. *Le Obbligazione Pubbliche*, Jandi Sapi Editori, 1964, citado por Paulo de Barros Carvalho, *O Regulamento no Direito Tributário Brasileiro*, p. 24.
40. "Obrigação tributária", cit.
41. *O Regulamento no Direito Tributário Brasileiro*, p. 25.
42. Segundo Alfredo Augusto Becker: "Da incidência da regra jurídica sobre sua hipótese de incidência pode irradiar-se uma eficácia jurídica (efeitos jurídicos) mínima, média ou máxima; noutras palavras, a relação jurídica pode ser de conteúdo *mínimo* (dever e direito) ou de conteúdo *médio* (direito, pretensão e dever, obrigação) ou de conteúdo *máximo* (direito, pretensão, coação e dever, obrigação, sujeição). (...) Na relação jurídica de conteúdo médio (direito, pretensão e correlativos dever, obrigação), a exigibilidade da prestação (existência da pretensão) e o exercício da exigibilidade (o

que os destinatários dos seus comandos sejam obrigados a cumpri-los, (iii) podem ser classificados, segundo lição de Renato Alessi,[43] em deveres instrumentais preparatórios – hipótese em que o comando normativo obriga o particular a fornecer dados que permitam à Administração apurar o nascimento da obrigação tributária e a determinação do seu *quantum debeatur* – e de polícia tributária – que permitam o exercício da fiscalização.

Podem ser colocadas na condição de sujeitos passivos de deveres instrumentais as pessoas aptas a cooperar com a Administração na "descoberta dos fatos imponíveis, na precaução contra possíveis fraudes, enfim, no perfeito funcionamento do sistema tributário".[44]

Os deveres instrumentais devem ser veiculados em lei formal produzida pelos Poderes Legislativos das diversas pessoas políticas submetidas, pois, a regular procedimento legislativo, assim entendido como emenda constitucional, lei complementar, lei ordinária, lei delegada, e medidas provisórias.[45]

5.12 O pensamento de Rubens Gomes de Souza[46]

Partindo do conceito de que o direito tributário é o ramo do direito público que rege as relações jurídicas entre Estado e particulares referentes à atividade do primeiro consistente na obtenção de receitas decorrentes da cobrança de tributos,[47] logrou o apontado jurista incluí-lo na categoria dos direitos obrigacionais.

exercício da pretensão), ainda não são o *poder de coagir* alguém a realizar a prestação (coação) e nem o *exercício* da coação" (*Teoria Geral do Direito Tributário*, p. 345 – destaques no original).
    43. *Istituzioni di Diritto Tributário*, Torino, UTET, referido por Roque Antônio Carrazza, *O Regulamento no Direito Tributário Brasileiro*, p. 27.
    44. *O Regulamento no Direito Tributário Brasileiro*, p. 30.
    45. A obra do autor (*O Regulamento no Direito Tributário Brasileiro*) foi elaborada sob a égide da Constituição Federal de 1967/1969 e fez menção aos atos normativos existentes à época, a saber: emenda constitucional, lei complementar, lei ordinária, lei delegada e decreto-lei. Nessa medida procuramos indicar os atos normativos que na nova ordem constitucional podem veicular em seu conteúdo objeto similar, no que, pensamos, concorda aquele autor (*Curso de Direito Constitucional Tributário*, pp. 317-319).
    46. Extraído de suas obras *Compêndio de Legislação Tributária* (Edição Póstuma) e *Comentários ao Código Tributário Nacional* (esta última em co-autoria com Geraldo Ataliba e Paulo de Barros Carvalho).
    47. Num primeiro momento esse autor firmou entendimento no sentido de que tributo era uma "receita derivada que o Estado arrecada mediante o emprego de sua

Fê-lo pautado na distinção entre (i) direito das pessoas, que prescreve as condutas desejadas pelo direito positivo nas relações jurídicas atreladas aos elementos da personalidade do titular do direito e, portanto, desprovidas de caráter econômico ou patrimonial direto; (ii) direito das coisas, definido como "(...) a regulamentação jurídica das situações, essencialmente patrimoniais ou econômicas, que se referem à relação direta entre a pessoa do titular do direito e uma coisa, material ou imaterial, que constitui o seu objeto";[48-49] e (iii) direito das obrigações, assim entendido como o conjunto de prescrições normativas que regulam relações jurídicas entre pessoas cujo objeto seja economicamente apreciável.

Como o direito tributário cuida da arrecadação dos tributos, a conduta da pessoa ao recolher valores ao erário a esse título configura a existência da obrigação principal, ao lado da qual existe a obrigação acessória concernente à "fiscalização dos tributos",[50] que pode ser implementada mediante prestações positivas (de fazer) ou negativas (de não fazer).

Para esse precursor, o contribuinte e outras pessoas podem ser colocadas na contingência de cumprir com as obrigações acessórias, não se observando no conjunto da obra citada qualquer meditação mais profunda sobre o tema.

soberania, nos termos fixados em lei, sem contraprestação diretamente equivalente, e cujo produto se destina ao custeio das finalidades que lhe são próprias" (*Compêndio de Legislação Tributária*, p. 39 – destaque no original). Posteriormente, assentou que o tributo se distingue das demais receitas públicas pelos seguintes elementos: compulsoriedade, legalidade, cobrança mediante atividade plenamente vinculada que não se constitua sanção por ato ilícito. Para o autor a expressão "em moeda ou cujo valor nela possa se exprimir" cunhada pelo art. 3º do CTN não é típica dessa figura por pretender transformar tributo de dívida de dinheiro em dívida em valor, no que foi acompanhado por Geraldo Ataliba – que reputou essa expressão inconstitucional – ressalvado o entendimento divergente de Paulo de Barros Carvalho (*Comentários ao Código Tributário Nacional*, pp. 29-39).
    48. *Compêndio de Legislação Tributária*, p. 51.
    49. Essa construção doutrinária, no sentido de que a relação jurídica comporta em seus pólos uma pessoa e uma coisa, foi severamente criticada pelos gênios de Alfredo Augusto Becker (*Teoria Geral do Direito Tributário*, pp. 341-342) e de Pontes de Miranda (*Tratado de Direito Privado*, t. I, pp. 168, 178-191), entendimento com o qual concordamos.
    50. Para Rubens Gomes de Souza essa atividade consiste em "praticar ou não praticar certos atos exigidos ou proibidos por lei para garantir o cumprimento da obrigação principal e facilitar a sua fiscalização" (*Compêndio de Legislação Tributária* (Edição Póstuma), p. 84).

5.13 O pensamento de Sacha Calmon Navarro Coêlho[51]

O mestre mineiro acolhe posicionamento majoritário da doutrina no sentido de que a expressão empregada pelo art. 113 do CTN é metodologicamente incorreta sem, contudo, prestar maiores esclarecimentos que abonem essa conclusão.

Fundeando-se nas lições de Kelsen, considera que as obrigações tributárias principais são deveres heterônomos,[52] pois a pessoa é obrigada a cumprir determinado comando não por desejo seu, mas, sim, porque a vontade de um terceiro tem essa aptidão. Com isso, apartam-se das obrigações acessórias cujo conteúdo prescritivo é imposto diretamente pela lei independentemente do surgimento, no mundo fenomênico, de um fato jurígeno.

Desta feita, o surgimento de uma relação jurídica, tendo por objeto um fazer, um não fazer ou um suportar no interesse da arrecadação ou da fiscalização, está desatrelado da ocorrência do fato jurígeno.[53]

Além disso, o descumprimento da conduta prescrita na norma jurídica que veicula as obrigações tributárias acessórias – necessariamente veiculada por lei formal e material – enseja a aplicação de multa formal (ao lado das multas substanciais que punem a não-conduta do sujeito passivo de recolher ao erário o valor devido a título de tributo).

A redação do § 1º do art. 113 do CTN é desastrosa, porque, pretendendo atribuir aos valores decorrentes da aplicação de multas pecuniárias (formais e substanciais) o mesmo regime processual de cobrança dos créditos tributários, acabou por equiparar multa a tributo. Como esse

---

51. Esse pensamento está colacionado nos *Comentários ao Código Tributário Nacional*, p. 259.
52. O dever será (i) autônomo quando o sujeito de direito manifesta sua vontade de cumprir determinada prescrição normativa e (ii) heterônomo quando o surgimento no mundo fenomênico do modal normativo decorrer de manifestação de vontade de terceiro.
53. Para Sacha Calmon Navarro Coêlho: "Na terminologia do Código, a obrigação tributária principal nasce da ocorrência de um fato, por isso mesmo jurígeno, previamente descrito na lei, a-contratual e lícito. Trata-se de dever heterônomo, pela adoção do princípio da imputação condicional ('se fores proprietário de imóvel urbano, então pagarás IPTU ao Município'). Ao revés, as chamadas obrigações acessórias não passam de condutas obrigatórias impostas imperativamente pela lei ('emitam notas fiscais'; 'preste declaração de rendimentos', etc.)" (*Comentários ao Código Tributário Nacional*, pp. 256-257).

conteúdo normativo deve ser interpretado organicamente no direito positivo, um entendimento possível seria no sentido de que "não quitada a multa, pode esta ser exigida, como se fora crédito tributário, juntamente com tributo".[54]

Sacha Calmon Navarro Coêlho conclui sua abordagem sobre o tema asseverando que os deveres impostos pelas normas jurídicas que veiculam as obrigações acessórias devem ser cumpridos pelos seus destinatários, não esclarecendo se existem limites objetivos para imputação dessa condição aos sujeitos de direito.

5.14 Visão crítica do conjunto das construções doutrinárias sobre o tema

A leitura conjugada do pensamento desse rol de jusperitos nacionais e estrangeiros demonstra o labor científico empreendido para demonstrar, total ou parcialmente, (i) o emprego correto ou incorreto da expressão "obrigação tributária acessória" ou "dever adjetivo ou instrumental" para descrever a proposição jurídica que prevê a obrigatoriedade de sujeitos de direitos fazerem, não fazerem ou suportarem determinadas condutas em prol da fiscalização e da arrecadação de tributos; e (ii) a necessidade de essas proposições serem introduzidas no ordenamento jurídico por meio de lei formal ou ato infralegal previsto no art. 96 do CTN. Essas relevantes questões estão adequadamente colocadas, não havendo, no entanto, posição uníssona a respeito do tema.

Ocorre, contudo, que pouca ou quase nenhuma investigação científica se preocupou em descrever aspectos de importância cardeal sobre o tema: os possíveis limites do conteúdo do mandamento das obrigações tributárias acessórias ou deveres instrumentais.

Com efeito, ainda não se investigou com o devido rigor qual o possível limite objetivo para saber (i) quais pessoas podem ser postas na condição de fazer, de não fazer ou de suportar determinada conduta em prol da arrecadação ou da fiscalização de tributos; e (ii) qual o conteúdo dos deveres que podem ser criados no interesse da arrecadação ou da fiscalização. Sobre essas questões – nucleares em nossa proposta – passaremos a nos debruçar a seguir.

---

54. Idem, p. 259.

Capítulo 6
A OBRIGAÇÃO TRIBUTÁRIA

6.1 Aspectos da regra-matriz e a natureza obrigacional da relação jurídico-tributária. 6.2 O antecedente normativo: 6.2.1 Aspecto material da hipótese tributária; 6.2.2 Aspecto temporal da hipótese tributária. 6.2.3 Aspecto espacial da hipótese tributária. 6.3 O conseqüente normativo: 6.3.1 Aspecto pessoal da hipótese tributária; 6.3.2 Aspecto quantitativo da hipótese tributária.

6.1 Aspectos da regra-matriz e a natureza obrigacional da relação jurídico-tributária

O Direito, assim como a norma jurídica *stricto sensu*, é uno e indecomponível, salvo para fins de estudo. Nesta medida, vislumbramos, por meio de uma construção teórica acolhida por Geraldo Ataliba e Paulo de Barros Carvalho, entre tantos outros,[1] que essa norma jurídica é composta por um antecedente e um conseqüente normativo.

No antecedente (ou proposição-hipótese) descreve-se um fato de possível ocorrência no mundo dos fenômenos sociais. Já no conseqüente (ou proposição-tese) prescreve-se uma conduta intersubjetiva que deverá ser observada em razão da ocorrência do fato previsto, geral e abstratamente, no antecedente.

O *prescritor* normativo é uma proposição relacional por meio da qual uma pessoa (que denominamos sujeito ativo) tem o direito subjeti-

---

1. A respeito deste tema, recomendamos a leitura das obras dos seguintes autores: Geraldo Ataliba (*Hipótese de Incidência Tributária*), Paulo de Barros Carvalho (*Teoria da Norma Tributária, Curso de Direito Tributário;* e *Direito Tributário – Fundamentos Jurídicos da Incidência*) e Alfredo Augusto Becker (*Teoria Geral do Direito Tributário*).

vo de exigir de outra (que designamos sujeito passivo) o cumprimento de certa conduta (obrigatória, proibida ou permitida), e esta, em contrapartida, tem a obrigação jurídica de realizá-la.

A hipótese funciona como um *descritor*, pois descreve os critérios necessários para que um fato ocorrido no mundo fenomênico, em específicas coordenadas do tempo e do espaço, seja reconhecido como jurídico.[2] ensejando a eclosão dos efeitos previstos no conseqüente normativo em razão da força operativa do elemento conectivo denominado "dever-ser neutro" ou "conectivo deôntico interproposicional" (porque liga duas proposições: a proposição-hipótese à proposição-tese).

O conseqüente age como um *prescritor*, porque fornece os critérios necessários à identificação da previsão do surgimento de uma relação jurídica (seus sujeitos, seu bem jurídico e a conduta que deve ser cumprida, ou seja, o comportamento que a ordem jurídica prescreve aos sujeitos de direito relativamente a um determinado objeto).

Não se funde e não se confunde a disposição normativa que prevê o surgimento de uma relação jurídica com aquel'outra que enseja sua eclosão no mundo dos acontecimentos sociais. E isso porque o Direito reconhece que o efetivo nascimento de uma obrigação exige a produção de uma norma jurídica *stricto sensu* individual e concreta.

Se, por um lado, pensamos que a análise da compostura lógica da norma jurídica *stricto sensu* e a identificação dos seus componentes (ou aspectos) fornecem os critérios seguros para aferirmos a natureza da relação jurídica formada entre os sujeitos de direito, por outro lado, entendemos que esse exame preliminar é indispensável para que, em tempo oportuno, edifiquemos, na intimidade das partes integrantes dessa estrutura, as balizas constitucionais objetivas para apurarmos a validade (i) do sentido e da amplitude das condutas prescritas pela norma jurídica inserta no campo do direito tributário instrumental, bem como (ii) da eleição dos sujeitos integrantes do pólo ativo e passivo da "obrigação tributária acessória".

---

2. Encontramos esse pensamento plasmado nas lições de Pontes de Miranda que, ao tratar da "topologia dos fatos", afirmava que: "Os fatos (atos, acontecimentos, estados) são no tempo e no espaço. Têm *data* e têm *lugar*. Há 'momentos' e 'tratos de tempo' que são assaz relevantes para o direito" (*Tratado de Direito Privado*, t. I, p. 76 – destaques no original).

6.2 O antecedente normativo

Vimos que a norma jurídica é composta – para fins de estudos – em antecedente e conseqüente normativo. No antecedente normativo podemos erigir as marcas ou as notas que permitem identificar ou reconhecer um fato social ou um fato natural[3] com relevância jurídica. Essas marcas permitem tipificar esse fato por meio da descrição de uma ação humana ou evento natural (aspecto material) ocorrido no tempo (aspecto temporal) e no espaço (aspecto espacial).

6.2.1 Aspecto material da hipótese tributária

No aspecto material da norma jurídica tributária *stricto sensu* indica-se uma ação qualquer (fato) cuja ocorrência no mundo fenomênico é relevante para o direito tributário (fato jurídico ou fato jurídico tributário). Destaque-se, contudo, que a doutrina nacional majoritária sustenta que o aspecto material da norma jurídica inserta no campo do direito tributário material deve descrever uma ação humana (necessariamente representada por um verbo) e um complemento em estado de indeterminação.

Mas por que esse fato jurídico deve decorrer de um agir (verbo) praticado por uma pessoa? Se as normas jurídicas podem acolher fatos naturais em seu aspecto material,[4] qual o fundamento jurídico que sustenta a afirmativa doutrinária no sentido de que o antecedente da norma jurídica de direito tributário material deva descrever uma ação de uma pessoa (fato social)?

Encontramos uma primeira anotação a respeito do tema nas lições de Paulo de Barros Carvalho para quem "(...) para a definição do antecedente da norma-padrão do tributo, quadra advertir que não se pode utilizar os da classe dos impessoais (como haver), ou aqueles sem sujeito (como chover), porque comprometeriam a operatividade dos desígnios normativos, impossibilitando ou *dificultando* seu alcance (...) É forçoso

---

3. Relembre-se que, no item 1.1, do Capítulo 1, elucidamos o sentido em que esses termos são empregados nesta obra.
4. E nisso concordam Alfredo Augusto Becker (*Teoria Geral do Direito Tributário*, p. 325), Lourival Vilanova (*As Estruturas Lógicas e o Sistema do Direito Positivo*, p. 95) e Pontes de Miranda (*Tratado de Direito Privado*, t. I, pp. 68-72).

que se trate de verbo pessoal e de predição incompleta, o que importa a obrigatória presença de um complemento".[5]

Pensamos que essa prestigiosa opinião não esclarece o porquê da necessidade de o fato jurídico tributário (ou suporte fático, nas palavras de Pontes de Miranda)[6] ser atrelado à conduta de determinada pessoa. A uma porque vacila ao afirmar que os verbos impessoais ou sem sujeitos impossibilitam ou *dificultam* a operatividade dos desígnios normativos. Ora, dificultar a implementação de uma operação lógica ou natural traduz-se na possibilidade de sua realização, ainda que adjetivada pelo embaraço, resistência ou estorvo. A duas porque não identificamos nessa metalinguagem a premissa que sustenta a conclusão atingida.

Já assinalamos[7] que a Constituição Federal permite que o poder[8] de propriedade seja validamente esgarçado por meio da tributação (decorrente do exercício de função tipicamente legislativa denominada de competência tributaria impositiva). Se a norma jurídica tributária *stricto sensu* de Direito material determina que a ocorrência do seu suporte fático, em coordenadas de tempo e espaço, enseja o nascimento de uma relação jurídica por meio da qual uma pessoa está obrigada a entregar parcela do seu patrimônio a outrem a título de tributo, o fato jurídico tributário deve ser representativo de um signo referido, direta ou indiretamente, à riqueza denotada pela propriedade da pessoa tributada.

Com efeito, se nas palavras de Geraldo Ataliba, a base de cálculo ou "base imponível é uma perspectiva dimensível do aspecto material da h.i. que a lei qualifica, com a finalidade de fixar critério para determinação, em cada obrigação tributária concreta, do *quantum debetur*",[9] isso significa dizer que ela é uma perspectiva dimensível do fato-signo presuntivo de riqueza descrito no aspecto material do antecedente da norma jurídica de direito tributário material.

Assim, se pela conjugação da base imponível com a alíquota apuramos uma cifra pecuniária que delimita uma fração do patrimônio parti-

---

5. *Curso de Direito Tributário*, p. 252 – destaque nosso. A posição desse respeitável professor é reiterada, também, à p. 236 dessa obra.
6. *Tratado de Direito Privado*, t. I, p. 66.
7. Vide, de nossa autoria, *O Direito de Propriedade e a Substituição Tributária*.
8. A referência ao poder justifica-se, no pensamento de Santi Romano, a respeito da diferença conceitual existente entre dever/poder e direito/obrigação.
9. *Hipótese de Incidência Tributária*, p. 108.

cular gravado por meio da tributação, o fato jurídico tributário deve representar – total ou parcialmente; direta ou indiretamente – a grandeza econômica circunscrita nessa parcela do patrimônio particular sob pena de a norma tributária pretender abastecer o erário com riqueza diversa daquela constitucionalmente autorizada.

Caso essa premissa seja válida, a única maneira de conferir esse atributo ao fato jurídico tributário será por meio da descrição das notas que identifiquem no mundo fenomênico um fato representativo daquela parcela da riqueza particular colhida pela norma de tributação.

Essa necessária vinculação entre o aspecto material e uma perspectiva da riqueza patrimonial do destinatário constitucional do tributo decorre de um pressuposto jurídico fundamental para tributação consentida: a igualdade (primado derivado do sobreprincípio republicano, como demonstrado de maneira insuperável por Geraldo Ataliba).[10]

Deveras, se todas as espécies tributárias devem observar o princípio da isonomia, a conclusão lógica, nas precisas lições de Amílcar de Araújo Falcão, será no sentido de que "(...) o aspecto do fato gerador que o legislador tributário considera para qualificá-lo é a sua idoneidade ou aptidão para servir de ponto de referência, de metro, de indicação por que se afira a capacidade contributiva ou econômica do sujeito passivo da obrigação tributária".[11]

E justamente por tal razão, o sistema de direito positivo brasileiro desacolhe a previsão normativa que prescreve a instituição de espécie tributária sem base de cálculo ou, como denominado por parcela da doutrina, de tributos fixos.

Nem mesmo a norma jurídica que institua uma taxa – cujo princípio informador é a retributividade – pode deixar de conter em seu aspecto quantitativo uma base de cálculo e uma alíquota. Daí por que, nessa espécie tributária, a *base de cálculo* deverá corresponder, total ou parcialmente, ao dispêndio financeiro suportado por quem exerceu função administrativa consistente (i) na prestação, ou colocação à disposição, de um serviço público específico e indivisível em favor de outrem ou (ii) no exercício de poder de polícia que limita a liberdade e/ou a propriedade dos administrados em prol do interesse público, ao passo que a *alíquota*

10. *República e Constituição*, pp. 158-168.
11. *Fato Gerador da Obrigação Tributária*, p. 66.

incidente sobre essa base poderá ser fixada nos limites autorizados pelo ordenamento jurídico.

A conclusão atingida é decorrência lógica dos efeitos irradiados do primado da igualdade no campo do direito tributário, tendo o crivo analítico de Geraldo Ataliba assinalado há tempos "(...) que o texto constitucional prescreve, de modo claríssimo, que os tributos se classificam segundo determinado critério exatamente em atenção às exigências do princípio da isonomia: obtém-se a igualdade diante dos impostos pelo respeito à capacidade contributiva; nas contribuições, pelo critério do benefício; nas taxas, pelo da compensação de despesas".[12]

Na específica hipótese da taxa, o aspecto material de sua hipótese tributária é uma perspectiva da riqueza denotada pelo exercício da função estatal diretamente referida ao destinatário constitucional do tributo e indiretamente referida a uma parcela do seu patrimônio.

6.2.2 Aspecto temporal da hipótese tributária

O Direito, considerando certos fatos relevantes ao convívio social, confere à sua ocorrência a aptidão de ensejar o nascimento de normas jurídicas *lato sensu* que tenham por mandamento regular relações entre pessoas. Em razão disso, tais fatos são qualificados como fatos jurídicos (apartando-os dos fatos irrelevantes para a ordem jurídica e dos eventos que, embora ocorridos no mundo fenomênico, não são levados ao conhecimento humano).

Para que o Direito reconheça esse fato como sendo jurídico, incumbe ao utente edificar no antecedente normativo as notas que permitam apurar o momento em que se reputa ocorrida a materialidade contida na regra-matriz, ou seja, o instante em que aquele acontecimento passa a ser juridicamente relevante.

Em matéria tributária, a identificação desse aspecto não foi aquinhoada à competência legislativa discricionária do legislador constituído porquanto as disposições normativas constitucionais permitem ao intérprete identificar o possível aspecto temporal da regra-matriz das diversas espécies tributárias,[13] o que foi demonstrado pelo brilhantismo

---

12. *República e Constituição*, p. 161.
13. Compartilhamos, nesse ponto, do entendimento de Roque Antônio Carrazza (*Curso de Direito Constitucional Tributário*, p. 646, nota 207).

inovador de Geraldo Ataliba[14] ao descrever a regra-matriz do imposto sobre a renda.

Mas não basta que esse fato jurídico seja materialmente descrito e tenha o momento de sua ocorrência identificado para que ele se repute ocorrido.

6.2.3 Aspecto espacial da hipótese tributária

Por meio do aspecto espacial do antecedente de uma norma jurídica identifica-se a localização no espaço em que o ordenamento jurídico atribui àquele fato a aptidão de ensejar a produção de normas jurídicas *lato sensu* que tenham por mandamento regular relações intersubjetivas.

E justamente porque as notas do possível aspecto espacial das normas de direito tributário material podem ser apuradas a partir da Constituição da República (conforme esclarecemos no tópico antecedente), o legislador infraconstitucional que produzir comando normativo transbordando esses confins jurídico-positivos atuará em desvio de poder, possibilitando que o Poder Judiciário desconstitua aquele enunciado normativo em controle difuso ou concentrado de constitucionalidade.

6.3. O conseqüente normativo

O mandamento ou conseqüente normativo veicula uma prescrição normativa que prevê o surgimento de uma relação jurídica. Conforme esclarecemos no Capítulo 4 (item 4.1), a relação jurídica é construída mentalmente como sendo o vínculo abstrato entre dois sujeitos de direito ao qual se encontra subjacente um objeto que consiste numa conduta humana do primeiro de fazer ou de não fazer algo em relação ao segundo em uma das modalidades deônticas possíveis (obrigatório, permitido ou proibido).

6.3.1 Aspecto pessoal da hipótese tributária

No aspecto pessoal da hipótese de incidência, estão apontadas as notas das pessoas credenciadas pelo direito positivo a ocupar o pólo ativo e passivo da relação jurídica.

---

14. "Periodicidade do Imposto sobre a Renda I" e "Periodicidade do Imposto sobre a Renda II", *Revista de Direito Tributário* 63/15-68.

No pólo ativo são indicadas as notas das pessoas que têm o direito subjetivo de exigir do sujeito passivo o cumprimento da prestação subjacente ao bem jurídico objeto da relação.

Conforme destaca Roque Antônio Carrazza,[15] em matéria tributária não se confunde competência com capacidade tributária ativa. Aquela se traduz na aptidão legislativa da pessoa política para inovar o ordenamento jurídico produzindo norma jurídica *lato sensu* inserta no campo metodológico do direito tributário formal e/ou material. Esta, por seu turno, é traduzida na vocação que uma pessoa possui para figurar no pólo ativo de uma relação de direito tributário.

A Constituição Federal indica, geral e abstratamente, quais são as possíveis materialidades que podem ser veiculadas no antecedente da norma jurídica tributária, assim como as pessoas habilitadas à prática do fato jurídico tributário. O texto constitucional aponta, portanto, o destinatário constitucional do tributo[16] como sendo aquele que provoca, produz ou desencadeia o fato (jurídico tributário) descrito no aspecto material da hipótese tributária.

Por tal motivo assinalavam Cleber Giardino e Geraldo Ataliba, há tempos, que "na própria designação constitucional do tributo já vem implicitamente dito 'quem' será o seu sujeito passivo. No quadro dos contornos fundamentais da hipótese de incidência dos tributos – estabelecidos pela Constituição Federal ao instituir e partilhar a competência tributária entre União, Estados e Municípios – está referido o sujeito passivo do tributo, aquela pessoa que, por imperativo constitucional, terá seu patrimônio diminuído, como conseqüência da tributação (...) Esse raciocínio leva à conclusão de que há exigência constitucional implícita, no sentido de que um imposto somente pode ser cobrado daquela pessoa cuja capacidade contributiva seja revelada pelo acontecimento do fato imponível ou, nos casos de tributos vinculados, somente daquela pessoa a que a autuação estatal se refira de alguma maneira".[17]

Como a Constituição Federal é praticamente exaustiva em matéria tributária, nela estão indicadas (i) as possíveis materialidades que as pes-

15. *Curso de Direito Constitucional Tributário*, pp. 221-222.
16. Usamos aqui a expressão consagrada por Hector B. Villegas, em seu *Curso de Direito Tributário*.
17. "Responsabilidade tributária – ICM – Substituição tributária (Lei Complementar 44/83)", *Revista de Direito Tributário* 34/ 216-217.

soas políticas poderão adotar para veicular, legislativamente, norma geral e abstrata instituindo tributos, assim como (ii) aquelas pessoas que se relacionam com a situação prevista no núcleo da hipótese tributária.

E ainda que seja forçoso reconhecer que algumas espécies tributárias, como a maioria das contribuições do art. 149 da CF não têm sua possível regra-matriz delimitada no texto constitucional, nem por isso, contudo, há possibilidade material de identificar reflexamente a classe dos possíveis destinatários dessas espécies tributárias conforme ponderou com precisão Estevão Horvath.[18]

6.3.2 Aspecto quantitativo da hipótese tributária

O vínculo abstrato formado entre dois sujeitos de direito consiste na prescrição da conduta humana do primeiro de fazer ou não fazer algo em relação ao segundo em referência a um certo bem jurídico.

De acordo com o produto legislado estudado, diferente poderá ser a sua compostura lógica ideal. Tratando-se de direito tributário material, esse aspecto é composto pela conjugação de uma base de cálculo (já analisada no item 6.2.1 *supra*) e uma alíquota, não podendo a riqueza conotada na previsão normativa geral e abstrata ou denotada na individual e concreta pretender tolher de modo confiscatório o patrimônio do destinatário constitucional do tributo.[19]

A norma jurídica inserta no direito tributário formal veicula, na dicção no Código Tributário Nacional, mandamento consistente num fazer ou não-fazer no interesse da arrecadação ou da fiscalização de tributos, não havendo falar que o objeto dessa prestação é mensurável pecuniariamente.

---

18. "Mesa de Debates 'D' – Contribuições", *Revista de Direito Tributário* 87/90-94.

19. A respeito do tema, sugerimos a leitura da obra primorosa de Estevão Horvath – *O Princípio do Não-Confisco no Direito Tributário* –, que abordou com profundidade e envergadura esse instituto.

Capítulo 7
O PERFIL JURÍDICO DA "OBRIGAÇÃO TRIBUTÁRIA ACESSÓRIA"

7.1 Introdução. 7.2 Natureza jurídica da "obrigação tributária acessória". 7.3 Os possíveis limites normativos do interesse em prol da arrecadação ou da fiscalização dos tributos. 7.4 A prescrição normativa do art. 113 do Código Tributário Nacional e as normas gerais em matéria de legislação tributária. 7.5 O conteúdo e o alcance do conceito veiculado na expressão "legislação tributária" inserta no art. 113 do Código Tributário Nacional. 7.6 O conteúdo normativo do interesse em prol da arrecadação ou da fiscalização dos tributos. 7.7 O possível sujeito passivo da "obrigação tributária acessória". 7.8 O possível sujeito ativo da "obrigação tributária acessória". 7.9 O tempo e a "obrigação tributária acessória".

7.1 Introdução

O Código Tributário Nacional prevê, em seu art. 113, a existência de duas espécies de obrigações tributárias: a obrigação tributária principal e a "obrigação tributária acessória".

A análise singela desse dispositivo legal pode levar o intérprete à conclusão de que existem duas relações jurídicas umbilicalmente associadas, de tal forma que o nascimento de uma ("obrigação tributária acessória") depende da eclosão dos efeitos jurídicos da outra (obrigação tributária principal) no mundo fenomênico.

A correlação entre obrigações é factível porque no plano lógico há possibilidade de existência de relações de relações. Segundo as lições de Lourival Vilanova,[1] a locução "relação jurídica" comporta uma acepção ampla – representada por estruturas formais compostas de um antece-

---

1. *Causalidade e Relação do Direito*, pp. 116-187.

dente, um conseqüente normativo e um operador relacionante modalizado em obrigatório, permitido ou proibido (norma jurídica *stricto sensu*, conforme nossa classificação consignada no Capítulo 1, item 1.3.1 deste trabalho); e uma acepção estrita – concebida como uma estrutura lógica composta de termos (ocupados por sujeitos de direito numa relação jurídica) e um operador que relaciona os termos (ou mandamento da referida norma jurídica *stricto sensu*).

Em sua acepção ampla (norma jurídica *stricto sensu*), as relações podem interagir por meio de relações de conjunção, de alternação, de implicação, entre outras. Se estivermos, correspondentemente, diante de relações de conjunção (atreladas à multiplicidade cumulativa de obrigações) e relações de alternação (vinculadas a uma gama de pessoas ou prestações, tal como ocorre com as prestações alternativas), haverá um conjunto de normas jurídicas que acolhem um mesmo suporte fático. Assim, seus efeitos normativos decorrerão do mesmo fato jurídico.

O Direito pode estabelecer outra espécie de relação entre relações jurídicas, tal como na hipótese em que uma relação jurídica A produz seus efeitos em razão de um suporte fático A' e a relação jurídica B adota como suporte fático a eclosão dos efeitos jurídicos previstos na relação jurídica A. Apenas nessa circunstância é que, aderindo ao pensamento de Lourival Vilanova,[2] entendemos tenha o direito positivo veiculado enunciado normativo instituidor de normas jurídicas principais e acessórias.

De tal modo, caso as legislativamente denominadas "obrigações tributárias acessórias" subsumam-se à composição teórica descrita acima – porque o fato descrito no antecedente da norma jurídica que prevê o seu surgimento decorre do nascimento da relação jurídica prescrita no mandamento da norma jurídica que veicula as obrigações tributárias principais –, poderemos afirmar serem elas verdadeiras relações jurídicas *lato sensu* acessórias.

No entanto, caso o direito positivo não preveja a existência desse nexo jurídico entre dois ou mais enunciados normativos, sua etiqueta legislativa estará empregada em sentido ambíguo ao pretender designar um conceito determinável.

2. Idem, p. 181.

Além disso, cumpre-nos edificar a intimidade dos termos dessa relação jurídica *lato sensu* e seu bem jurídico para que possamos descrever os contornos jurídicos da denominada "obrigação tributária acessória".

7.2 Natureza jurídica da *"obrigação tributária acessória"*

O art. 113 do CTN prescreve que a obrigação tributária pode ser principal ou acessória. Mais adiante, em seu § 2º, esse artigo de lei enuncia que a "obrigação acessória (...) decorre da legislação tributária e tem por objeto as prestações, positivas ou negativas, nela previstas no interesse da arrecadação ou da fiscalização dos tributos".

Ao esclarecer – por força do processo de elucidação – que o direito tributário é formado pelo conjunto de enunciados normativos que prescrevem a instituição, a arrecadação e a fiscalização de tributos, concluímos que as "obrigações tributárias acessórias" estão insertas na seara do direito tributário formal ou adjetivo (conforme classificação elaborada no Capítulo 2, item 2.4.2 deste trabalho).

Em passagem específica sobre o tema (Capítulo 4), sustentamos que o Código Tributário Nacional corretamente empregou a expressão "obrigação tributária" para se referir ao conteúdo jurídico das "obrigações tributárias acessórias" uma vez que, em abreviada síntese, o instituto da obrigação é jurídico-positivo e não lógico-jurídico. Por tal razão, compete exclusivamente ao direito positivo veicular prescrição normativa *lato sensu* revestindo o bem jurídico objeto do vínculo que se forma entre os termos da relação (sujeitos de direito) de feições patrimoniais.

O mérito do legislador, nesse tema, encerra-se por aqui, porquanto essa obrigação tributária não tem por predicado a natureza jurídica acessória que lhe pretendeu conferir o Código Tributário Nacional, a exemplo do que ocorria com os bens e os direitos acessórios sob a égide do Código Civil revogado (arts. 58, 61 e 167, todos da Lei federal n. 3.071, de 1º.1.1916).

Assim, a utilização da expressão "acessória" não representa o conteúdo dessa relação jurídica *lato sensu*. Expliquemos e fundamentemos nossa afirmativa.

O art. 113, § 2º, do CTN determina que a ocorrência do evento previsto no antecedente da norma jurídica geral e abstrata faz surgir no mundo fenomênico, após a produção de uma norma individual e concreta, uma relação jurídica que tem por objeto o adimplemento, pelo sujeito passivo, de uma conduta (de fazer ou de não fazer) que possibilite à administração tributária tomar o conhecimento da ocorrência de um fato jurídico tributário ou outro que seja "no interesse da arrecadação ou da fiscalização dos tributos".

Desse modo, essa obrigação tributária pretende que o sujeito passivo leve (consistente num fazer) ao conhecimento da pessoa competente (que figura no pólo ativo dessa relação jurídica) informações que lhe permitam apurar o surgimento de relações jurídicas de direito tributário material, de tal forma a instrumentalizar a atividade de arrecadação e de fiscalização de tributos, mas não apenas isso.

Pode essa norma jurídica obrigar que o sujeito passivo suporte (conduta humana de não fazer algo) a atividade de fiscalização efetuada pela pessoa competente, a teor do disposto no art. 196 do CTN, oportunidade na qual terceiros poderão ser intimados a prestar esclarecimentos sobre a pessoa fiscalizada de modo a permitir que o ente competente apure o eventual nascimento de obrigação tributária material (art. 197 do CTN).

Tendo iniciado a atividade de fiscalização com esse propósito, reputamos instaurado um procedimento[3] administrativo tendo por objeto averiguar o nascimento e, se for o caso, o cumprimento do mandamento da obrigação tributária material. E por tal razão, no curso desse procedimento, devem ser observados os direitos subjetivos outorgados àqueles que se encontram insertos na hipótese do art. 5º, LV, da CF.

Com efeito, como o procedimento administrativo é formado por um conjunto concatenado de atos administrativos que se predispõem a um determinado fim (sempre em prol do interesse público), iniciado o procedimento de fiscalização a que alude o art. 196 do CTN nasce para a pessoa fiscalizada o direito subjetivo de exigir a busca da verdade material (especialmente em relação à apuração do nascimento de uma obrigação tributária de direito material ou substantivo), sendo-lhe possível, exemplificativamente, protestar pela juntada de documentos e exigir a produção de provas em seu curso em busca dessa finalidade pública.

3. Reconhecemos que não há posicionamento pacífico na doutrina sobre a etiqueta jurídica desse instituto: se processo administrativo ou procedimento administrativo, conforme esclarecem com o costumeiro rigor Sérgio Ferraz e Adílson Abreu Dallari em seu *Processo Administrativo*, pp. 32-36. Em razão de premissas propedêuticas, optamos por rotular esse instituto de procedimento à luz dos fundamentos irrefutáveis de Celso Antônio Bandeira de Mello (*Curso de Direito Administrativo*, pp. 455-460).

Ora, como o art. 5º, LV, da CF assegura aos acusados em geral o direito subjetivo ao contraditório e à ampla defesa, com os meios e recursos e ela inerentes, todos aqueles que, em razão de um procedimento administrativo, possam ter seu *status* jurídico modificado por força da produção de um ato administrativo (que goza, nos termos apregoados por Celso Antônio Bandeira de Mello,[4] de presunção de legitimidade – veracidade e validade –, imperatividade, exigibilidade e eventual executoriedade) encontram-se na condição *lato sensu* de acusados.

Deveras, ainda que o ato administrativo goze de presunção relativa de legitimidade (porque o direito positivo, ao assegurar o contraditório e a ampla defesa em processo administrativo e judicial, prevê um modelo de controle e eventual expurgo desse ato do ordenamento jurídico), não se nega que, em última análise, ele objetiva alterar a esfera jurídica do fiscalizado, ao irrogar-lhe, em consonância com o pensamento de Sérgio Ferraz e Adílson Abreu Dallari,[5] situação que lhe possa resultar em dano moral, econômico ou jurídico.

Pensamos que idêntica conclusão possa ser extraída das lições de Celso Antônio Bandeira de Mello,[6] que, ao tratar da obrigatoriedade da adoção de procedimento administrativo formalizado e da necessária observância dos princípios constitucionais informadores desse instituto, alinhou entre as hipóteses em que se reputa imprescindível a instauração de um procedimento aquelas em que (i) o ato administrativo possa ser restritivo ou ablativo de direitos integrados ao patrimônio do fiscalizado; e (ii) "(...) a providência administrativa a ser tomada disser respeito a matéria que envolva litígio, controvérsia sobre direito do administrado ou implique imposição de sanções".[7]

E, justamente em razão da potencial modificação da esfera patrimonial e/ou jurídica do fiscalizado, ao cabo do procedimento de fiscalização de que trata o art. 196 do CTN (qual seja, lançamento de valores supostamente devidos a título de tributo e imposição de eventuais penalidades pelo descumprimento dessa obrigação tributária), a privação do direito subjetivo do pleno exercício do seu direito de defesa traduz-se no amesquinhamento de poder fundamental alçado à condição de cláusula

---

4. *Curso de Direito Administrativo*, pp. 389-390.
5. *Processo Administrativo*, p. 130.
6. *Curso de Direito Administrativo*, pp. 478-479.
7. Idem, p. 479.

pétrea e maltrato ao primado republicano, o que não se pode admitir em nosso sistema positivo.

Essas ponderações demonstram que as relações jurídicas decorrentes da obrigação tributária "acessória" – consistentes num fazer ou num suportar (não fazer) do sujeito passivo dessa relação – objetivam, apenas e tão-somente, verificar o possível nascimento e cumprimento do objeto de uma obrigação tributária material (ou obrigação tributária principal).

Pensamos que alguns exemplos podem corroborar nossa afirmação atribuindo, ao menos até o presente momento, o sucesso darwiniano a que todo experimento científico (do qual a teoria jurídica é espécie) deve ser submetido, conforme sublinha José Souto Maior Borges.[8]

Verifique-se, por exemplo, que determinada pessoa jurídica imune à tributação por meio de impostos por força da disposição normativa veiculada no art. 150, VI, "c", da CF, deverá observar os requisitos veiculados em lei complementar para o seu gozo e fruição.

Caso os pressupostos arrolados nessa lei complementar forem efetivamente observados pelo destinatário constitucional da imunidade, haverá incompetência legislativa para que qualquer pessoa política produza ato normativo[9] veiculando em seu conteúdo normas jurídicas que pretendam gravar, por meio de impostos, um específico fato signo presuntivo de riqueza.

.Nessas circunstâncias, ainda que não surja no mundo fenomênico uma obrigação tributária de direito substantivo, pode o agente competente, nos limites dos comandos normativos prescritos, exigir que o destinatário constitucional da imunidade comprove o efetivo atendimento dos pressupostos jurídicos para sua fruição (hipótese em que teremos uma obrigação tributária "acessória").

Caso estes pressupostos sejam desatendidos, o agente público competente estará obrigado a averiguar se essa circunstância ensejou o nas-

---

8. *Obrigação Tributária (uma introdução metodológica)*, p. 15.
9. Utilizamos a expressão "ato normativo" para nos referirmos aos diversos instrumentos legislativos previstos no art. 59 da CF, que podem inovar de modo inaugural o ordenamento jurídico, criando direitos e obrigações e poderes e deveres ou, como parcela da doutrina a eles se refere – atos normativos como "fontes primárias" ou "instrumentos normativos primários". Enfim, o que importa não é a taxinomia, mas, sim, o objeto por ela referido.

cimento de uma relação jurídica de direito material que obrigue o recolhimento de valores ao erário a título de tributo, efetuando, se for o caso e sob pena de responsabilidade, o lançamento das quantias devidas.

O mesmo se diga em relação às hipóteses de isenção tributária que, por acolhermos a definição desse instituto à moda de José Souto Maior Borges,[10] concebemos como hipótese de não-incidência legalmente qualificada (porque dilapida um dos aspectos da norma de tributação). Nessas circunstâncias, conquanto de uma norma jurídica de direito tributário não advenha o nascimento de uma relação jurídica tributária material, há possibilidade da eclosão dos efeitos normativos de uma relação jurídica que tenha por finalidade permitir à fiscalização apurar o nascimento de um fato relevante para o direito tributário, qualificando-o como jurídico-tributário.

Daí entendemos que a efetiva eclosão dos efeitos jurídicos da obrigação tributária material no mundo fenomênico é circunstância independente e autônoma à do nascimento de uma obrigação tributária "acessória". E nessa hipótese não há falar na existência de uma obrigação principal e acessória, nos termos edificados por Lourival Vilanova.

Pelas razões até aqui expostas, entendemos que não se pode afirmar que essas obrigações tributárias são relações jurídicas *lato sensu* acessórias. E justamente porque calcados nesses pressupostos, entendemos ser cientificamente oportuno alterar a denominação das obrigações tributárias "acessórias" para *obrigações tributárias instrumentais*.

Passaremos, ainda, a nos referir à norma que veicula uma obrigação tributária instrumental como "norma jurídica tributária instrumental" ou "norma tributária instrumental", apartando-a da norma tributária material, que prescreve as demais condutas desejadas pela ordem jurídica no campo do direito tributário material ou substantivo.

Pretendendo ser fiel às premissas metodológicas eleitas no início desse trabalho – oportunidade na qual consignamos a advertência de Marçal Justen Filho[11] no sentido de que o cientista do Direito, ao escolher significados ou soluções, deve evidenciar que sua opção não se origina de fatores meramente subjetivos, opinativos, mas, sim, que é a única que (ou, ao menos, a que mais) corresponde ao ordenamento jurídico

---

10. *Teoria Geral da Isenção Tributária.*
11. *Sujeição Passiva Tributária*, pp. 27-28 – grifo no original.

–, é imprescindível que justifiquemos o porquê da utilização da expressão *obrigação tributária instrumental*.[12] assombro

7.3 Os possíveis limites normativos do interesse em prol da arrecadação ou da fiscalização dos tributos

O Código Tributário Nacional prescreve, em seu art. 113, § 2º, que a *obrigação tributária instrumental* "decorre da legislação tributária e tem por objeto as prestações, positivas ou negativas, nela previstas no *interesse da arrecadação ou da fiscalização* dos tributos".

Nesse dispositivo legal, o vocábulo "interesse", empregado em associação com a expressão "da arrecadação ou da fiscalização", não veicula em seu conteúdo um conceito jurídico fluido e impreciso, de tal forma que se tenha aquinhoado àquele que exerce função pública margem discricionária para eleger, a seu talante e arbítrio, os requisitos fáticos e jurídicos em que há ou não interesse na realização da função administrativa consistente na arrecadação e na fiscalização dos tributos.

Com efeito, a expressão utilizada para se referir a um determinado objeto mentado será sempre certa, ainda que o vocábulo utilizado seja ambíguo. E para restringir as fronteiras dessa ambigüidade cumpre ao utente elucidar em que sentido aquela expressão estará sendo utilizada. Assim, caso o ser cognoscente pretenda utilizar o vocábulo "móvel" para referir-se a um objeto mentado consistente numa cadeira, é necessário esclarecer que se utilizará a expressão móveis para referir-se ao objeto cadeira. Despida dessa cautela, a coerência da empreitada científica edificada tende à instabilidade comprometendo as premissas, o raciocínio e as conclusões atingidas, cumulativamente ou não.

Dessa forma, o problema basilar que ora se apresenta limita-se à apuração do conceito referido pelo termo "interesse", tal como veiculado no art. 113, § 2º, do CTN. E isso porque a densidade e o limite desse instituto de Direito – necessariamente veiculado por meio de palavras –

---

12. Ainda que, nos tópicos dos capítulos, e de seus itens e subitens, continuemos a veicular a expressão "obrigação tributária acessória" para facilitar aqueles que, a partir do sumário pretendam vislumbrar panoramicamente os seus confins – o que, entendemos, poderia ser prejudicado com o *sobressalto* que pode ocorrer a partir da opção feita, e cientificamente justificada, pelo emprego da expressão *obrigação tributária instrumental*.

deve ser edificado do contexto e dos desdobramentos conformados no ordenamento jurídico.

Segundo os ensinamentos de Celso Antônio Bandeira de Mello, que aqui transcrevemos em razão da densidade, lucidez e profundidade no seu encadeamento lógico, "(...) a palavra é um signo, e um signo supõe um significado. Se não houvesse significado algum recognoscível, não haveria palavra, haveria um ruído. Logo, tem-se que aceitar, por irrefragável imposição lógica, que, mesmo que vagos, fluidos ou imprecisos, os conceitos utilizados no pressuposto da norma (na situação fática por ela descrita, isto é, no 'motivo legal') ou na finalidade, têm algum conteúdo mínimo indiscutível. (...)

"Além disto, tem-se que admitir, ainda, que uma interpretação destes conceitos fluidos, também chamados de 'indeterminados', se faz contextualmente, ou seja, em função, entre outros fatores, do plexo total das normas jurídicas, porque ninguém interpreta uma regra de Direito tomando-a como um segmento absolutamente isolado."[13]

Hospedados nessas lições, entendemos que uma norma jurídica tributária instrumental será validamente produzida se prescrever condutas que tenham por finalidade prover a pessoa competente (que exerce a função de fiscalização) de informações a respeito (i) da ocorrência de fatos jurídicos que ensejam o nascimento de obrigações tributárias materiais; e (ii) seu adimplemento pelo sujeito passivo veiculado no mandamento da norma jurídica tributária. Por isso é que nas dobras dessas prescrições se encontram os confins do "interesse" da arrecadação e da fiscalização de tributos.

Assim, a obrigação tributária instrumental visa a *instrumentalizar* a função estatal consistente na apuração da ocorrência de fatos jurídicos tributários e eventual adimplemento da obrigação tributária substantiva. Destarte, a norma jurídica produzida com finalidade que transborde esses limites prescritos pelo direito positivo será inválida não podendo ter o seu conteúdo sanado ou convalidado por qualquer espécie de ato normativo produzido pelo Poder constituído.[14]

---

13. *Discricionariedade e Controle Jurisdicional*, pp. 29-30.
14. Conforme esclarecido com costumeiro lustro por Celso Antônio Bandeira de Mello em seu "Leis Originariamente Inconstitucionais Compatíveis com Emenda Constitucional", *Revista Trimestral de Direito Público* 23/12-20.

Ora, se a finalidade dessa norma jurídica é abastecer com informações a pessoa credenciada pelo ordenamento jurídico para uma específica atividade, *instrumentalizando* sua atuação, reputamos oportuno designar a norma jurídica que veicula essa prescrição de *norma jurídica instrumental* e a relação jurídica formada entre seus sujeitos e respectivo objeto (bem jurídico) *obrigação tributária instrumental*.

Em razão disso, não pode a pessoa credenciada pelo direito positivo, a propósito de veicular novo instrumento no "interesse" da fiscalização e da arrecadação de tributos, produzir norma jurídica instrumental cujo mandamento obrigue certo rol de pessoas a adotar comportamento discrepante desse desígnio jurídico-positivo, sob pena de desvio de poder na produção do ato normativo (tema que será analisado no Capítulo 9 desta obra).

Ao cabo dessa exposição, pensamos ter justificado racionalmente nossa opção pelo emprego das expressões *obrigação tributária instrumental* e *norma jurídica tributária instrumental*.

7.4 A prescrição normativa do art. 113 do Código Tributário Nacional e as normas gerais em matéria de legislação tributária

O art. 24, § 1º, da CF prescreve que, havendo competência concorrente entre as pessoas políticas para legislar sobre determinado plexo de relações intersubjetivas, a lei (veículo legislativo) produzida pelo Poder Legislativo da União veiculará normas gerais sobre o tema sendo, por força disso, uma norma jurídica *lato sensu* nacional e não federal.

E justamente por tal razão esse ato normativo não será produzido pelo Poder Legislativo de uma das quatro ordens jurídicas parciais (União,[15] Estados, Distrito Federal e Municípios), mas, sim, pelo Poder Político da ordem jurídica total (Estado brasileiro).

A descrição da natureza jurídica da norma geral sob o viés federativo (isonomia entre as diversas pessoas políticas) demarca os limites

---

15. A despeito das diversas posições doutrinárias sobre a matéria, pensamos que assiste razão a Geraldo Ataliba ao esclarecer que: "O Estado federal é o aspecto global do país. É o Estado brasileiro. A União é mero aparelho administrativo interno, suporte do Estado Federal. A União é mera ordem jurídica parcial, à semelhança dos Estados federados" ("Normas gerais de Direito Financeiro e Tributário", *Revista de Direito Público* 10/60).

territoriais de incidência de suas disposições normativas bem como os seus possíveis destinatários constitucionais. As conclusões atingidas por meio desse expediente científico são, contudo, insuficientes para permitir a delimitação do sentido e do conteúdo jurídico das sobreditas disposições.

Com efeito, a expressão normas gerais é empregada de forma plurissignificativa na linguagem da Ciência do Direito. Deveras, se pretendermos classificar as normas jurídicas a partir de sua estrutura (um dos possíveis critérios classificatórios existentes) teremos normas jurídicas gerais, abstratas, concretas e individuais. Aquele enunciado normativo que prevê o surgimento de relações jurídicas entre uma classe de sujeitos de direito a partir da ocorrência de um fato jurídico denomina-se "norma geral".

Ocorre que esse juízo é imprestável para separar as normas gerais (referidas do art. 24, I e § 1º, da CF) das demais espécies veiculadas no ordenamento jurídico. É que qualquer uma delas poderá ser uma norma geral à luz da classificação estrutural apontada acima. Desta forma, a dessemelhança entre elas prevista constitucionalmente não reside nesse elemento classificatório.

Entendemos que mais uma vez assiste razão a Celso Antônio Bandeira de Mello[16] ao pontificar que se qualificam como normas gerais as normas jurídicas que veiculam em seu conteúdo mandamentos (i) genéricos, a serem observados inexoravelmente por ulteriores atos normativos que pretendam dispor, total ou parcialmente, a respeito do plexo de direitos e obrigações de sujeitos de direitos advindo das possíveis relações jurídicas que tenham por objeto certo bem juridicamente tutelado; e (ii) que podem ser aplicados de maneira uniforme e indistinta nas localidades em que se verifique o surgimento de relações jurídicas decorrentes de suas disposições obrigatórias. Sob essa perspectiva, as normas gerais são normas de produção normativa ou normas de estrutura[17] com especiais limites do seu aspecto espacial e mandamento.

Especificamente em relação ao tema que nos interessa, esclarecemos que o art. 24, I, da CF outorga competência legislativa concorrente para que as ordens jurídicas parciais produzam normas de direito tributário inovando de modo inaugural o ordenamento jurídico.

---

16. *Curso de Direito Administrativo*, pp. 499-500.
17. Vide a lição de Alf Ross, adiante, na nota 23.

Aparentemente, portanto, a introdução de normas gerais em matéria de direito tributário deveria observar o enunciado normativo veiculado no art. 24, § 1º, da CF, o que legitimaria o exercício dessa prerrogativa por meio do Poder Legislativo da União. Diversa, contudo, é a solução prescrita pelo direito positivo.

Com efeito, a Constituição Federal demarcou antecipada e taxativamente o conteúdo jurídico das normas gerais em matéria de legislação tributária, o que parece não encontrar paralelo nas demais searas didaticamente autônomas do Direito. A análise do art. 146, III, "a", "b", "c" e "d",[18] da Carta da República atesta cabalmente que o objeto jurídico das normas gerais tributárias foi materialmente conformado pelo legislador constitucional, não havendo margem de liberdade ao Poder constituído para inovar infraconstitucionalmente nessa matéria.

A respeito do tema, Geraldo Ataliba edificou o limite jurídico-positivo dessas normas gerais esclarecendo que: "Jamais seria admissível norma geral restringindo ou peiando o princípio democrático, ou o federal, ou o da autonomia municipal, ou o da independência e harmonia dos poderes ou qualquer dos demais princípios categorias do sistema. (...) Quando examinamos, em tese, a questão das normas gerais, no sistema federal brasileiro, vimos que dúplice havia de ser sua finalidade: a) preencher lacunas do texto constitucional e b) evitar, na medida do possível, por antecipação (preventivamente), os conflitos de competência entre as pessoas constitucionais".[19]

---

18. O conjunto normativo agregado ao tema, objeto dessa última alínea, veiculada pela EC n. 42/2003, pode suscitar dúvidas acerca da validade do novel regime jurídico por ele instituído. Com efeito, notamos com Estevão Horvath que o Poder constituído, ao transferir para o legislador complementar (art. 146, III, "d", e parágrafo único, da CF) a competência legislativa para produção de normas gerais que versem sobre o tratamento jurídico diferenciado referido no art. 179 da Carta Magna (microempresas e empresas de pequeno porte), determinou, no art. 94 do ADCT, que os atos normativos vigentes no âmbito das quatro ordens jurídicas parciais dispondo sobre o regime de tributação simplificado "cessarão seus efeitos" com a entrada em vigor de nova norma geral sobre a matéria.
     Naquela oportunidade entendemos que o sentido, o conteúdo e o alcance do art. 94 do ADCT determinam a ab-rogação ou a derrogação das normas jurídicas produzidas pelas ordens jurídicas parciais caso o seu conteúdo seja incompatível com a nova norma geral (lei complementar) a respeito da matéria. Essa interpretação sistemática resguarda a harmonia tão cara ao sistema de direito positivo preservando, em razão disso, a coexistência do art. 94 do ADCT.
19. *Revista de Direito Público* 10/61-63 – redação conforme o original.

Em razão disso, podemos afirmar que o art. 113 do CTN, ao dispor sobre as obrigações tributárias instrumentais, qualifica-se como norma geral de direito tributário? Dito de outro modo: o art. 113 do CTN é norma de direito tributário cujo bem jurídico irradia os seus efeitos apenas nas relações jurídicas em que a União seja parte ou, pelo contrário, o conteúdo das sobreditas relações espraia-se naquelas relações jurídicas em que as demais pessoas políticas federais sejam parte?

Por adotarmos a premissa metodológica de Geraldo Ataliba a respeito do sentido, do conteúdo e do alcance das normas gerais de direito tributário (garantidoras da segurança jurídica em seu viés isonômico – vide Capítulo 1, item 1.1), não podemos logicamente admitir que o Código Tributário Nacional tenha, nesse dispositivo, veiculado essa espécie normativa nacional.

Ora, se as normas gerais em matéria tributária só podem dispor sobre *conflitos de competência tributária* (prerrogativa legislativa para inovar o ordenamento jurídico criando norma de tributação) e *regular limitações constitucionais ao poder de tributar* (que disciplinam, por exemplo, os requisitos constitucionalmente intrínsecos para o gozo e a fruição das imunidades tributárias de que tratam os arts. 150, VI, "c", e 195, § 7º, da CF), pensamos que esses enunciados normativos têm seus efeitos jurídicos direcionados ao campo do direito tributário substantivo.

Destaque-se, ademais, que a seção que pretendeu dispor sobre as "limitações do poder de tributar" do "Sistema Tributário Nacional" (arts. 150 a 152 da CF) em nenhum momento versa sobre relações jurídicas insertas no campo do direito tributário formal.

Assim, as normas gerais em matéria de legislação tributária só poderão dispor sobre os tributos e suas espécies, o aspecto material, a base de cálculo e o contribuinte dos impostos, a obrigação, o lançamento, o crédito, a prescrição e a decadência tributários, entre outros, visando à propagação dos seus efeitos jurídicos no campo do direito tributário substantivo. É que assim dispondo estarão credenciadas (as normas gerais) a regular *conflitos de competência* tributária impositiva entre as pessoas jurídicas e *limitações constitucionais ao poder de tributar*.

Ademais, sabendo-se que as obrigações tributárias instrumentais têm por finalidade (i) fazer com que o sujeito passivo leve ao conhecimento da pessoa competente informações que lhe permita apurar o surgimento ou não de relações jurídicas de direito tributário material, de tal forma a instrumentalizar a atividade de arrecadação e fiscalização de tributos, e (ii) obrigar que o sujeito passivo suporte a atividade de fiscalização de modo a apurar o eventual nascimento de obrigação tributária material, reconhecemos que elas não irradiam os seus efeitos jurídicos sobre o campo do direito tributário substantivo para delimitar o exercício da competência tributária impositiva ou as limitações constitucionais ao poder de tributar.

Destarte, somos levados a concluir que as relações jurídicas instrumentais visam a regular a conduta humana de modo que a pessoa competente possa aferir o surgimento de relação jurídica de direito tributário material no mundo fenomênico. E justamente em razão dessas distintas finalidades, há impedimento constitucional para que as normas jurídicas instrumentais sejam qualificadas de "norma geral em matéria de legislação tributária".

Disso resulta que o art. 113 do CTN é mera norma jurídica federal e não nacional (nem tampouco é norma geral em matéria de legislação tributária), razão por que não espraia os seus efeitos normativos aos demais entes federais nas relações jurídicas em que sejam parte.

Assim, os Estados, o Distrito Federal e os Municípios gozam de liberdade legislativa para compor o mandamento das normas jurídicas instrumentais, sendo despiciendo haver conformidade servil de suas legislações ao enunciado prescritivo do art. 113 do CTN naquelas oportunidades em que pretendam inovar o ordenamento jurídico para veicular prescrições normativas que possibilitem e facilitem a verificação do surgimento e do cumprimento do objeto da relação jurídica tributária material.

O art. 113 do CTN servirá, quando muito, como instrumento para que o magistrado, por força da analogia,[20] delimite o sentido, o conteúdo e o alcance de uma norma tributária instrumental aplicável a um caso concreto em razão da ausência de disposição normativa estadual ou municipal a respeito do tema. A analogia ao referido artigo também poderá ser utilizada pela autoridade competente para, a teor do disposto no art. 108 do CTN, "aplicar a legislação tributária".

Muito embora a jurisprudência dos nossos tribunais superiores não tenham debruçado sobre essa matéria de forma expressa, localizamos

20. Art. 4º do Decreto-lei n. 4.657, de 4.9.1942 (Lei de Introdução ao Código Civil Brasileiro).

precedentes do Superior Tribunal de Justiça, nos quais obrigações tributárias instrumentais criadas pelas ordens jurídicas parciais (exceção feita à União) foram analisadas à luz do art. 113, § 2º, do CTN, o que, como demonstramos, só é possível em razão de analogia.[21]

7.5 *O conteúdo e o alcance do conceito veiculado na expressão "legislação tributária" inserta no art. 113 do Código Tributário Nacional*

O enunciado veiculado pelo art. 113, § 2º, do CTN prescreve que "a obrigação acessória decorre da legislação tributária". Como essa locução contempla diversas significações quanto ao seu aspecto conotativo, deve o exegeta desvendar a zona de imprecisão que se forma no entorno do seu sentido normativo para que o discurso científico atinja sua finalidade.

Para fins metodológicos analisaremos essa expressão separadamente, revelando, inicialmente, qual o conteúdo da expressão "legislação tributária" para, logo em seguida, descrevermos a relação de decorrência existente entre ela e a obrigação tributária instrumental.

O intérprete mais apressado poderia sufragar o entendimento no sentido de que, a teor do art. 96 do CTN, o conceito de legislação tributária abrange "as leis, os tratados e as convenções internacionais, os decretos e as normas complementares que versem, no todo ou em parte, sobre tributos e relações jurídicas a eles pertinentes", mas não apenas isso.

É que as normas complementares referidas *in fine* nesse dispositivo abrangem, por seu turno, (i) os atos administrativos expedidos pelas autoridades administrativas, (ii) as decisões dos órgãos singulares ou coletivos de jurisdição administrativa, a que a lei atribua eficácia normativa, (iii) as práticas reiteradamente observadas pelas autoridades administrativas e, por fim, (iv) os convênios que entre si celebram a União, os Estados, o Distrito Federal e os Municípios, a teor do disposto no art. 100 do CTN.

Assim, para o intérprete que adota essa premissa, qualquer um dos atos normativos referidos acima terá aptidão para inovar o ordenamento

---

21. RMS 8.254-RJ, *DJ* 29.11.1999; RMS 8.255-RJ, *DJ* 6.12.1999; RMS 8.256-RJ, *DJ* 17.12.1999 e RMS 8.259-RJ, *DJ* 20.3.2000.

jurídico veiculando em seu conteúdo uma norma jurídica instrumental. Deveras, como a legislação de regência prevê que a obrigação tributária decorre da (está originalmente veiculada à) "legislação tributária", a criação de uma obrigação tributária instrumental não está sob "reserva de lei".[22]

Observe-se, contudo, que a Constituição da República, como norma padrão de incidência ou como carta de competência em matéria tributária, não só é parte integrante da "legislação tributária", como também se encontra localizada em sua cúspide em razão de sua incontestável superioridade hierárquica (ao menos numa visão kelseniana).

Assim, todos os enunciados normativos que prescrevam condutas relativas, em maior ou menor extensão, a instituição, fiscalização e arrecadação de tributos são elementos do subsistema tributário que devem encontrar fundamento de validade naquela norma jurídica que lhe é hierarquicamente superior até, em última instância, os sobreprincípios republicano e federativo.

No conceito de legislação tributária encontram-se insertas as normas de estrutura (ou norma de produção normativa), as de comportamento,[23] as gerais e abstratas, as gerais e concretas e as individuais e concretas, que veiculem prescrições normativas em matéria tributária.

A propósito da classificação das normas jurídicas *stricto sensu* de acordo com sua estrutura, estendemos ser imprescindível ponderarmos sobre as críticas tecidas por Celso Antônio Bandeira de Mello[24] a respeito do tema.

Para esse jusperito há impossibilidade de uma norma jurídica (em nossa classificação *stricto sensu*) ser individual e abstrata. Em seu entendimento, uma norma é geral quando seus efeitos jurídicos se propagam para uma classe de sujeitos, ao passo que a norma individualizada

---

22. No Capítulo 8, item 8.2, abordaremos esse tema com mais vagar sob a ótica do direito constitucional.

23. Relembre-se que, para Alf Ross: "Toda norma de competência define um ato jurídico, quer dizer, indica as condições para o estabelecimento do direito vigente. Estas condições podem ser divididas em três grupos, os quais determinam: 1º) o órgão competente para realizar o ato jurídico (...); 2º) o procedimento (...) e 3º) o conteúdo possível do ato jurídico. (...) As normas de competência são acompanhadas de normas de conduta que prescrevem aos órgãos certos deveres relativos ao exercício de sua autoridade pública (...)" (*Direito e Justiça*, pp. 241-242).

24. *O Conteúdo Jurídico do Princípio da Igualdade*, pp. 26-28.

tem por sujeito passivo uma pessoa determinada. A norma abstrata acolhe como suporte fático uma situação reproduzível no mundo fenomênico, enquanto a norma individual adota como referido suporte um fato jurídico que aflui no mundo apenas uma vez.

Segundo Celso Antônio Bandeira de Mello, criticando o entendimento de Norberto Bobbio a respeito do tema: "Toda norma abstrata, como se disse, exatamente porque supõe renovação da *hipótese* nela contemplada, alcança uma universalidade de sujeitos: aqueles que se vêem atingidos pela situação reproduzida; (...). Por isso, toda norma abstrata é também geral, no sentido mesmo que Bobbio atribuiu à característica generalidade: universalidade de sujeitos contemplados na regra".[25]

O argumento do professor convence e é corroborado pelo teste de falseabilidade quando demonstra que uma norma que atribui a uma determinada pessoa a qualidade jurídica de magistrado da uma Corte, tida para Bobbio como uma norma jurídica individual e abstrata, é uma norma individual e concreta com eficácia continuada dos seus efeitos. Não há, pois, em nosso entendimento, normas jurídicas gerais e concretas.

Ultrapassada a premissa por meio da qual se pretendeu classificar as normas integrantes do conceito de "legislação tributária", entendemos que se tenha identificado a "pedra de toque" para que desvendemos o conteúdo do comando veiculado pelo art. 113, § 2º, do CTN, ao prescrever que "a obrigação acessória *decorre* da legislação tributária".

Com efeito, tendo sido descritos os limites da legislação tributária (que, repetimos, serão submetidos a uma análise crítica no Capítulo 8, item 8.2), resta apurar em que medida a obrigação tributária instrumental pode dela *decorrer*.

Entre os diversos conteúdos jurídicos que o intérprete pode construir a partir desse vocábulo legislado sobressai uma dúplice significação possível. A primeira vislumbra nessa passagem um propósito meramente pedagógico da legislação de regência ao pretender reforçar a plena e irrestrita aplicabilidade do primado da legalidade (ou da "reserva legal") no campo do direito tributário instrumental.

É inegável que o direito positivo, em diversas oportunidades, realmente pretende ser pedagógico, mormente no altiplano normativo cons-

---

25. Idem, pp. 28, nota 9 – destaque no original.

titucional cujo diploma inaugural reveste-se de atributo de instrumento político cujos vocábulos utilizados, conforme anotaram Celso Ribeiro Bastos e Carlos Ayres Britto,[26] devem, em regra, ser interpretados em seu sentido comum. Ou seja, a interpretação ordinária dos vocábulos veiculados na Constituição Federal é que lhe deve revelar os confins de sua intimidade conceitual.

Realmente, era despiciendo que o Texto Constitucional consignasse a obrigatoriedade de criação de tributo por meio de lei (art. 150, I), pois o primado da legalidade (art. 5º, II) assim constrange. Era igualmente dispensável consignar que a lei tributária que veicule norma instituidora de tributo não possa produzir seus efeitos tomando em conta fatos (ou fatos jurídicos) que ocorreram no mundo fenomênico antes do seu advento (art. 150, III, "a"), já que o princípio da irretroatividade da lei (decorrência do art. 5º, XXXVI) veda essa implicação deletéria.

Entendemos que o vocábulo "decorre", veiculado do Código Tributário Nacional, maneja um conteúdo jurídico técnico.

Temos que esse vocábulo empregado pelo legislador corresponde àquilo que Lourival Vilanova[27] se refere como um dever-ser de um "functor-de-functor" ou dever-ser não modalizado, porque une a proposição-hipótese à proposição-tese da uma norma jurídica.

Essa ilação no sentido de que o conteúdo jurídico da palavra "decorre" é de dever-ser não modalizado nos remete ao seguinte desfecho lógico nuclear no raciocínio empreendido: *a norma jurídica instrumental veicula em sua proposição-hipótese a existência, validade e vigência da legislação tributária material num determinado momento do tempo e espaço, da qual decorre a proposição-tese, em que estão contidas as notas da obrigação tributária instrumental (sujeitos de direito e bem jurídico).*

Vale dizer: *a conexão entre as proposições de uma norma jurídica instrumental geral e abstrata, em cujo conseqüente normativo estão veiculadas as notas necessárias à identificação de uma obrigação tributária instrumental, decorre da descrição, no antecedente normativo, das notas características de que certos fatos descrevem uma norma jurídica tributária material e sua referência a determinada pessoa.*

---

26. *Interpretação e Aplicabilidade das Normas Constitucionais.*
27. *Causalidade e Relação do Direito*, pp. 103-104.

Basta, portanto, que uma norma tributária material seja descrita no antecedente normativo da norma tributária instrumental para que sejam preenchidos os pressupostos para o surgimento do dever-ser neutro. Nada aquém e nada além disso.

A partir desta premissa, verificamos que a liberdade do legislador na eleição dos possíveis sujeitos passivos da obrigação tributária instrumental não é absoluta.

7.6 O conteúdo normativo do interesse em prol da arrecadação ou da fiscalização dos tributos

Já esclarecemos que uma norma jurídica tributária instrumental será válida caso seu mandamento prescreva o surgimento de relações jurídicas que tenham por desígnio regular a conduta entre pessoas de forma a municiar o agente público de informações a respeito (i) da ocorrência de fatos jurídicos que ensejam o nascimento de obrigações tributárias materiais; e (ii) do seu adimplemento pelo sujeito passivo veiculado no mandamento da norma jurídica tributária instrumentalizando, assim, essa função estatal essencial ao funcionamento do Estado (e, portanto, de relevância cardeal ao interesse público, nos termos do art. 37, XXII, da CF, com a redação que lhe deu a EC n. 42/2003).

O mandamento da conduta prescrita pela norma jurídica tributária instrumental está confinado a um específico propósito: levar ao conhecimento da Administração (curadora do interesse público) informações que lhe permitam apurar o surgimento (no passado e no presente) de fatos jurídicos tributários, a ocorrência de eventos que tenham o condão de suspender a exigibilidade do crédito tributário, além da extinção da obrigação tributária.

Como reputamos que uma norma jurídica só pode desencadear seus efeitos concretos por meio da produção de uma norma jurídica individual, a efetiva observância dos comandos normativos tributários instrumentais aos mandamentos que lhes dão fundamento jurídico de validade (pertinência jurídica) poderá ser apurada pelo intérprete em dois momentos distintos: no plano geral e no plano individual.

Não estamos com isso dizendo que toda norma jurídica produzirá os seus efeitos somente por meio da produção de outra norma. Tomemos como exemplo o art. 1º da EC n. 42/2003 que prescreve o seguinte: "Os artigos da Constituição a seguir enumerado passam a vigorar com as seguintes alterações". Nessa hipótese, os dispositivos da Constituição Federal mencionados pelo art. 1º da Emenda passam, "automática e infalivelmente" (Alfredo Augusto Becker), a ter nova redação independentemente da produção de outra norma jurídica.

Esse singelo exemplo atesta a validade dos limites e da extensão de nossa afirmativa. Apenas quando uma norma jurídica pretender regular diretamente relações intersubjetivas é que se faz imprescindível a produção de outra norma jurídica.

Dessa forma, a norma tributária instrumental geral deve, apenas e tão-somente, prescrever condutas pretendendo atingir sua finalidade em prol da arrecadação e da fiscalização de tributos. Por outro lado, a norma jurídica tributária instrumental deve ser produzida pelo agente competente em atenção à finalidade prescrita pela lei sob pena de o ato assim produzido ser inválido.

É bem verdade que o ordenamento jurídico prevê outras hipóteses em que o administrado poderá ser obrigado a prestar informações e a fornecer documentos à Administração (como, por exemplo, o art. 198 do CTN, cuja pertinência com o sistema de direito positivo não será analisada neste trabalho), mas nesse caso diversa será a finalidade perseguida pelo direito positivo.

Seja em uma ou em outra hipótese, haverá um campo de certeza absoluta em que a norma jurídica tributária instrumental poderá (zona de certeza positiva) e não poderá (zona de certeza negativa) prescrever condutas que obriguem, permitam ou proíbam certo comportamento entre duas ou mais pessoas visando prover a pessoa competente (que exerce a função de fiscalização) de informações a respeito (i) da ocorrência de fatos jurídicos que ensejam o nascimento de obrigações tributárias materiais e (ii) seu adimplemento pelo sujeito passivo veiculado no mandamento da norma jurídica tributária.

Na zona de incerteza (verdadeiro crepúsculo jurídico), a solução advém da análise do caso concreto. Com essa afirmativa, não nos esquivamos de edificar algumas balizas constitucionais que reputamos imprescindíveis para apurarmos a validade dessas disposições normativas instrumentais.

Com efeito, o ordenamento jurídico exige correspondência jurídica entre os fins (prerrogativas públicas) e os meios (instrumentos) para chancelar a validade de dado enunciado normativo instrumental, o que se apura por meio da análise dos efeitos normativos de um plexo de princípios constitucionais aplicáveis ao tema vertente (a ser abordado no próximo capítulo), especialmente os primados da proporcionalidade e da razoabilidade..

7.7 O possível sujeito passivo da "obrigação tributária acessória"

O sujeito passivo da relação jurídica tributária veiculado em um dos pólos da obrigação tributária instrumental é a pessoa de quem se exige (i) o cumprimento de obrigação consistente na versão, em linguagem competente, de informações que digam respeito à arrecadação e à fiscalização de tributos ou, ainda, (ii) suportar a atividade de fiscalização realizada pelo agente público competente.

O art. 197 do CTN aponta expressa e objetivamente algumas pessoas que estão obrigadas a "prestar à autoridade administrativa *todas* as informações de que disponham com relação aos bens, negócios ou atividades de terceiros", a saber, tabeliões, escrivães, serventuários de ofício, bancos, casas bancárias, Caixas Econômicas e demais instituições financeiras, empresas de administração de bens, corretores, leiloeiros, despachantes oficiais, inventariantes, síndicos, comissários, liquidatários e outros que lei posterior indicar.

Esse enunciado normativo e todas as prescrições normativas existentes e válidas num dado ordenamento jurídico, em certo momento do tempo e do espaço, não devem e não podem ser interpretados isoladamente como se fossem elementos estanques e dissociados de um todo unitário. Conforme demonstramos em nossas premissas metodológicas, o direito positivo deve ser edificado pelo intérprete como um todo orgânico e unitário (sistemático), pois suas partes componentes devem, por imposição metodológica, ser coerentes e harmônicas entre si.

Assim, o conteúdo do art. 197 do CTN deve ser decodificado em consonância com as finalidades que autorizam a produção de norma jurídica tributária instrumental e a intensidade dos meios utilizados para perseguir esse desiderato.

É inegável que o administrado tem o direito constitucional subjetivo à inviolabilidade de sua intimidade e vida privada. Essa garantia constitucional (art. 5º, X), no entanto, não é absoluta, pois a interpretação de outros comandos jurídico-positivos demonstra que sua fruição deve guardar relação de coordenação com outros valores igualmente prestigiados pela ordem jurídica.[28]

Ora, se a administração tributária é função estatal essencial ao funcionamento do Estado (art. 37, XXII, da CF), pois a atividade de arrecadação e de fiscalização do cumprimento de obrigações tributárias materiais garante o ingresso de receitas derivadas imprescindíveis ao desenvolvimento das atividades estatais – tanto é verdade que a Constituição Federal expressamente permite a vinculação da receita de impostos ao seu financiamento (art. 167, IV) –, é necessário que o direito subjetivo à inviolabilidade da intimidade da pessoa guarde coerência com esse primado constitucional que visa a preservar a continuidade do exercício das funções públicas.

O influxo dos efeitos normativos desses dois primados (que preservam e garantem diferentes facetas do interesse público) conforma o alcance da prescrição normativa do art. 197 do CTN outorgando ao agente administrativo a prerrogativa de exigir das pessoas apontadas nesse dispositivo complementar a prestação de informações e o fornecimento de documentos a respeito de bens, negócios ou atividades de terceiros que tenham conhecimento em razão do seu ofício que *possa influenciar na apuração do nascimento e do cumprimento de obrigações tributárias de direito tributário material*. Nada aquém e nada além disso.

Caso o agente público exija do administrado a prestação de informações ou o fornecimento de documentos desatrelados da finalidade legal perseguida pela norma tributária instrumental, o ato administrativo produzido não encontrará fundamento de validade nesse dispositivo complementar. É possível que encontre fundamento de validade no ordenamento jurídico, mas não no art. 197 do CTN.

Como esse dispositivo do Código Tributário Nacional foi produzido pelo Congresso Nacional no exercício de função legislativa federal (e não nacional) – fazemos aqui remissão ao raciocínio empreendido no Capítulo 7, item 7.3 –, suas disposições são aplicáveis apenas aos agentes públicos dessa pessoa política. Nada impede – e isso é o que

---

28. Isso foi demonstrado com precisão por Carolina Zancaner ao sopesar o direito subjetivo constitucional de propriedade e a prerrogativa da desapropriação para fins urbanísticos ("A função social da propriedade e a desapropriação para fins urbanísticos", *Revista Trimestral de Direito Público* 33/230-254).

comumente ocorre – que a legislação das demais ordens jurídicas parciais reproduza, integral ou parcialmente, ou faça singela remissão ao referido enunciado prescritivo determinando que ele seja aplicado nas suas relações com os particulares.

Nessa circunstância, o que obrigará os agentes públicos das demais pessoas políticas e os particulares será o conteúdo normativo veiculado no dispositivo legal reprodutor ou remissor no momento do tempo em que ingressou no ordenamento jurídico e não naquele reproduzido ou remitido. Desse modo, se em momento posterior o Código Tributário Nacional for alterado nessa parte, haverá necessidade de nova produção legislativa dos Estados, do Distrito Federal e dos Municípios para que aquela modificação seja incorporada em seu ordenamento jurídico.

A empreitada para identificar os possíveis sujeitos passivos da relação jurídica instrumental (obrigação tributária instrumental) comporta outros desdobramentos, pois, tirante o art. 197 do CTN, que expressamente menciona as pessoas que podem ser compelidas a fazer ou não fazer algo no interesse da arrecadação e da fiscalização dos tributos, o art. 122 da Lei limita-se a enunciar que o "sujeito passivo da obrigação acessória é a pessoa obrigada às prestações que constituam o seu objeto".

A redação lacônica desse dispositivo legal não autoriza a manipulação vilipendiosa das balizas jurídico-positivas para eleição do destinatário legal do mandamento veiculado em norma jurídica tributária instrumental.

O primeiro critério a ser empregado para aferir o rol de pessoas que podem ser eleitas como sujeitos passivos pela norma de tributação instrumental nos é fornecido pela materialidade do descritor normativo, onde se encontra indicada a norma jurídica tributária material (geral e abstrata), bem como os seus possíveis sujeitos passivos.

Com efeito, aquela pessoa que tem aptidão para ser o sujeito passivo da norma jurídica tributária material (veiculada, por imperativo lógico, no aspecto material do descritor da norma de tributação instrumental) pode ser posta na condição de sujeito passivo da norma tributária instrumental e, portanto, na contingência de prestar informações relativas à ocorrência, no mundo fenomênico, de um fato jurídico tributário e o seu eventual adimplemento.

Por força da íntima conexão (relação) existente entre o sujeito passivo da obrigação tributária instrumental e a materialidade da norma tributária instrumental, essa pessoa detém o conhecimento e/ou os documentos que permitem ao agente público competente apurar o nascimento e o adimplemento da obrigação tributaria material.

Se afirmamos no Capítulo 4, item 4.1, que a relação jurídica é construída mentalmente como o vínculo abstrato que une dois ou mais sujeitos de direito ao qual se encontra subjacente um objeto que consiste numa conduta humana de alguém fazer ou não fazer algo em relação a outros em uma das modalidades deônticas possíveis (obrigatório, permitido ou proibido), os termos dessa relação detêm conhecimento da conduta prescrita em relação a determinado bem jurídico. Por tal razão, estão credenciadas a prestar informações sobre a natureza jurídica do fato decorrente da sua eclosão no mundo fenomênico.

Essas pessoas (que se encontram nos pólos da relação jurídica) podem informar e apresentar documentos que permitam ao agente competente apurar com elevado grau de certeza se o fato decorrente da eclosão dos efeitos dessa relação jurídica é patrimonialmente relevante (é um "fato signo presuntivo de riqueza" nas palavras de Alfredo Augusto Becker) e, ao mesmo tempo, é um fato jurídico tributário material. Ninguém mais estará tão intimamente atrelado a um fato jurídico tributário – podendo prestar essa espécie de informação na busca da verdade material – do que aqueles sem o qual o seu surgimento no mundo fenomênico seria impossível.

Imaginemos, por exemplo, que uma norma tributária instrumental descreva, em seu critério material, uma norma jurídica que preveja a cobrança do imposto sobre "transmissão *inter vivos*, a qualquer título, por ato oneroso, de bens imóveis, por natureza ou acessão física, e de direitos reais sobre imóveis" (ITBI), na cidade de São Paulo, Capital do Estado de São Paulo.

Analisando-se a materialidade de incidência desse tributo verificamos que tanto a pessoa que aliena o bem como aquela que recebe o referido bem em alienação estão intimamente relacionadas com a materialidade da hipótese de incidência da norma tributária instrumental. Por tal razão, elas podem ser colocadas na contingência de prestar informações ou fornecer documentos ao agente público competente de modo a permitir apurar o nascimento e o cumprimento dessa obrigação tributária material.

Decorre disso a primeira conclusão objetiva: *a pessoa que ocupou um dos pólos da relação jurídica vinculada ao aspecto material da hipótese de incidência da norma jurídica de direito tributário material pode ser posta na condição de sujeito passivo da obrigação tributária instrumental.*

Assim, se uma norma jurídica individual e concreta N' (contrato) prescreve a obrigatoriedade de um sujeito A' entregar uma determinada quantia de dinheiro ao sujeito A" em razão da compra e venda de um bem imóvel B', e uma norma jurídica geral e abstrata N" determinar que, em razão da compra e venda de bens imóveis, uma classe de sujeitos passivos (na qual está incluso A' ou A") estará obrigada a pagar uma soma de dinheiro ao sujeito A'" a título de tributo, concluímos que haverá relação entre essas relações pela coincidência de sujeitos e de objeto (tendo em vista que A' ou A" e B' inserem-se, respectivamente, nas classes de sujeitos passivos e de bens imóveis).

Arrematamos nossas ponderações assentando que apenas as pessoas que figurem como sujeitos de uma relação jurídica umbilicalmente atrelada à ocorrência da materialidade da norma jurídica tributária material é que poderão figurar na condição de sujeitos passivos de uma norma tributária instrumental. Esta é a única forma que o sistema de direito positivo reconhece para que uma pessoa (sujeito de uma relação jurídica) tenha conhecimento de outra relação jurídica podendo, por tal razão, prestar informações a respeito dela. Eis a confirmação do primeiro critério objetivo para identificação do possível "sujeito passivo da obrigação acessória" referido pelo art. 122 do CTN.

Mas na hipótese mencionada, uma pessoa que não seja um possível contribuinte do ITBI poderia ser compelida a prestar informações que digam respeito a este fato ou a sua possível ocorrência? Vale dizer: aquele que não ocupa um dos pólos da relação que ensejou o nascimento de um fato ("signo presuntivo de riqueza" ou despido desse atributo) pode ser obrigado a fazer ou a não fazer algo no "interesse da arrecadação e da fiscalização de tributos"?

Caso os sujeitos de uma relação jurídica não mantenham vínculo direto ou indireto com o surgimento do fato jurídico descrito na materialidade da hipótese de incidência da norma jurídica tributária material, não vislumbramos a possibilidade de eles serem postos na condição de sujeitos passivos de uma obrigação tributária instrumental.

É que não tendo uma pessoa atuado como partícipe do nascimento de um fato jurídico tributário material, uma disposição normativa não lhe pode imputar a obrigação de prestar informações ou fornecer documentos sobre algo de que não tenha conhecimento.

Não se nega que o Direito cria as suas próprias realidades presumindo a ocorrência de determinados fatos prováveis (a exemplo do previsto no art. 150, § 7º, da CF). Nesses casos, a eclosão daquele fato jurídico no mundo fenomênico é provável e possível sendo facultado à lei, nos termos decididos pelo Supremo Tribunal Federal, presumir sua ocorrência (presunção relativa).

Nessa seara, contudo, a interpretação da lei que cria uma presunção deve ser pautada na lógica do razoável (Recaséns Siches). Com efeito, não pode um ato normativo presumir que algo de *impossível* ocorrência no mundo fenomênico venha a acontecer, porque, se assim o fizer, deitaria por terra o primado da segurança jurídica ensejando a implosão do ordenamento jurídico pelo aniquilamento dos pilares fundamentais que lhe dão suporte lógico e jurídico de validade.

Se uma pessoa não está relacionada com o nascimento de um fato jurídico tributário – porque não participou daqueles atos e fatos que, direta e indiretamente, colaboraram para sua eclosão no mundo fenomênico – *em nenhuma hipótese* terá o Poder constituído produzir qualquer espécie de ato normativo colocando-a na condição de sujeito passivo de uma obrigação tributária instrumental. Admitir interpretação em sentido contrário ofenderia o primado republicano e os princípios da razoabilidade e da segurança jurídica que lhe são decorrentes, o que só se admite num Estado com feições nitidamente totalitárias e fascistas.

Reconheça-se, contudo, que pessoa estranha aos pólos d'uma relação tributária substantiva pode deter conhecimento a respeito do nascimento da relação jurídica que supostamente ensejaria o nascimento desse dever de levar dinheiro ao erário a título de tributo.

De fato, a ciência do nascimento dessa relação jurídica pode decorrer de liame fático circunstancial e episódico formado entre o destinatário constitucional do tributo e a pessoa estranha à referida relação ou, por outro lado, emanar de vínculo previamente prescrito pela ordem jurídica (*e.g.*, dos negócios realizados pelos correntistas e a instituição financeira na qual a pessoa do correntista mantém depositados valores pecuniários de sua propriedade).

A solução à questão já está, aparentemente, fornecida pelo conteúdo do art. 197 do CTN. E isso porque esse dispositivo legal prescreve que um específico rol de pessoas pode ser obrigado a prestar informações de que disponha sobre os bens, negócios ou atividades de terceiros.

Ainda que esse rol seja meramente exemplificativo – porque o interesse público em prol da arrecadação pode ensejar o alargamento das pessoas nele indicadas –, essa prerrogativa da Administração não lhe outorga o direito subjetivo de impor indiscriminadamente a devassa da vida alheia. Conforme consignamos anteriormente, essa prerrogativa deve ser exercida na busca de elementos objetivos e materiais que possam influenciar na apuração do nascimento e do cumprimento de obrigações tributárias de Direito Tributário material, observadas as hipóteses em que o próprio ordenamento jurídico impõe sigilo sobre essas informações.

Com maior razão, essa prerrogativa da Administração não pode pretender transmudar essas terceiras pessoas de colaboradores para investigadores das atividades realizadas por terceiro. Nessa hipótese elas passariam a ocupar o pólo ativo da obrigação tributária instrumental, o que não se admite conforme se demonstrará adiante.

7.8 O possível sujeito ativo da "obrigação tributária acessória"

Se, por um lado, a obrigação tributária instrumental obriga o seu sujeito passivo a agir positivamente (fazer) no interesse da arrecadação e da fiscalização de tributos, por outro lado outorga o dever (dever-poder) ao seu sujeito ativo (agente público) de fiscalizar o sujeito passivo de maneira a obter informações e/ou documentos referentes ao surgimento de um fato jurídico tributário material e de seu adimplemento.

Com o início do procedimento de fiscalização o sujeito passivo da obrigação tributária instrumental estará compelido a agir negativa (não fazendo) ou positivamente (fazendo) em relação à autoridade competente. Assim, a fiscalização realizada pelo agente público no exercício de atividade essencial ao funcionamento do Estado (art. 37, XXII, da CF) enseja a limitação à esfera de liberdade do particular.

Dessa forma pensamos que essa específica função pública exercida pelo agente público competente denomina-se poder de polícia (especificamente, polícia administrativa), pois o particular tem a esfera de sua liberdade limitada e conformada aos interesses públicos perseguidos em prol da arrecadação e da fiscalização de tributos que, repita-se, são atividades essenciais ao Estado.

Ora, se polícia administrativa define-se, nas palavras de Celso Antônio Bandeira de Mello, "(...) como *a atividade da Administração Pública, expressa em atos normativos ou concretos, de condicionar, com fundamento em sua supremacia geral e na forma da lei, a liberdade e a propriedade dos indivíduos, mediante ação ora fiscalizadora, ora preventiva, ora repressiva, impondo coercitivamente aos particulares um dever de abstenção ('non facere') a fim de conformar-lhes os comportamentos aos interesses sociais consagrados no sistema* (...)",[29] a fiscalização exercida com fundamento no art. 197 do CTN limita a liberdade do fiscalizado em prol do interesse público que gravita ao redor do financiamento das atividades estatais.

Sendo atribuição *exclusiva* de agente público competente exercer a polícia administrativa – porque se trata de função *indelegável*, salvo hipóteses excepcionalíssimas – não pode o particular ser vocacionado no exercício dessa função pública. Como anota Celso Antônio Bandeira de Mello, se assim fosse possível haveria ofensa ao "(...) equilíbrio entre os particulares em geral, ensejando que uns oficialmente exercessem supremacia sobre outros",[30] o que, todavia, não impede que atos marginais à polícia administrativa possam ser exercidos de forma impessoal por particulares contratados pela Administração (como ocorre, por exemplo, no exame aritmético das notas fiscais e dos valores de operações realizadas por determinado contribuinte em determinado período de tempo).

Nesse caso, é possível porque, como pontifica Celso Antônio Bandeira de Mello, "(...) não há nisto atribuição alguma de poder que invista os contratados em qualquer supremacia engendradora de desequilíbrio entre os administrados, pois não está aí envolvida expedição de sanção administrativa e nem mesmo a *decisão* sobre se houve ou não violação de norma (...), mas mera constatação objetiva de um fato".[31] Em síntese, ressalvadas hipóteses singulares que não se verificam na atividade em prol da arrecadação e da fiscalização de tributos, o exercício da polícia administrativa é *indelegável* ao particular.

29. *Curso de Direito Administrativo*, p. 773 – destaques no original.
30. Idem, p. 775.
31. Idem, p. 776 – destaques no original.

7.9 O tempo e a *"obrigação tributária acessória"*

Por meio da eclosão do mandamento d'uma norma tributária instrumental, uma pessoa pode ser posta na contingência de prestar informações ou apresentar documentos para que o agente competente apure o surgimento de relações jurídicas de direito tributário material, de forma a instrumentalizar a atividade de arrecadação e de fiscalização de tributos. Além disso, esse enunciado normativo instrumental imputa ao agente público o dever-poder de exercer a polícia administrativa, desempenhando atividades de fiscalização objetivando idêntico desiderato.

Alerte-se, contudo, que, decaído o direito de a pessoa competente formalizar a obrigação tributária material, desaparece, por via de conseqüência, a obrigação do sujeito passivo de cumprir a obrigação tributária instrumental a seu encargo.

Segundo a redação do art. 195 do CTN, os livros obrigatórios de escrituração comercial e fiscal e os comprovantes dos lançamentos neles efetuados devem ser conservados até que ocorra a prescrição da ação de cobrança do possível crédito tributário. Assim, caso a obrigação tributária material não possa ser formalizada pelo decurso do tempo (decadência), não subsistem concomitantemente (i) o direito subjetivo do agente público competente de exigir que o sujeito passivo apresente documentos no interesse da arrecadação e da fiscalização relativamente àquela obrigação decaída e (ii) a correspondente obrigação do sujeito passivo da obrigação tributária instrumental de fornecê-los.

Não é essa a conclusão a que chegamos quando estamos defronte do poder da Administração de fiscalizar o sujeito passivo da obrigação tributária instrumental.

Deveras, se a legislação de regência determina que a autoridade administrativa (agente público) deve constituir ou declarar a obrigação tributária material por meio do lançamento[32] sob pena de responsabilidade funcional, é necessário que lhe seja atribuído o plexo de prerrogativas para o exercício desse dever-poder. Quem prescreve o fim (dever) a ser perseguido pela Administração e por seus agentes deve outorgar os meios necessários para tanto (poder).

---

32. Não abordaremos neste trabalho se o ato de lançamento constitui ou declara a obrigação tributária material, pois se trata de tema estranho e marginal ao propósito que perseguimos.

Como o direito positivo outorgou ao agente público o *dever-poder* de exercer a função administrativa de fiscalização tributária não há falar na incidência dos efeitos normativos decorrentes do instituto da decadência.

Conforme os ensinamentos de Santi Romano (v. Capítulo 4, item 4.1.1), deveres e poderes irradiam seus efeitos sem a necessidade do surgimento de uma relação jurídica individual e concreta. Por tal razão não se confunde o conceito de poder e de dever (sem destinatário específico) com aquele conceito de direito e de obrigação (com destinatário específico). São conceitos que apontam para realidades distintas e inconfundíveis entre si.

As prerrogativas para que o agente público exerça seu poder de polícia fiscalizando o sujeito passivo da obrigação tributária instrumental decorrem de um poder e não de um direito. Como os poderes ainda não exercidos concretamente — transmudando-se em direitos — são imprescritíveis, o agente competente poderá exercer a qualquer tempo a atividade de polícia administrativa.

Motivo pelo qual, uma vez iniciada essa atividade de fiscalização (procedimento administrativo de fiscalização), iniciar-se-á a fluência do prazo de decadência, o que não ocorre enquanto esse poder de polícia administrativa não for exercido concretamente.

Capítulo 8
OS PRINCÍPIOS CONSTITUCIONAIS TRIBUTÁRIOS E A "OBRIGAÇÃO TRIBUTÁRIA ACESSÓRIA"

8.1 Segurança jurídica. 8.2 Legalidade: 8.2.1 Princípio da legalidade e a reserva de lei; delegação legislativa e os limites do poder regulamentar; 8.2.2 Delegação legislativa e os limites do poder regulamentar. 8.3 Anterioridade e irretroatividade. 8.4 Isonomia. 8.5 Razoabilidade e proporcionalidade: 8.5.1 Conteúdo determinável dos conceitos vagos; 8.5.2 Conteúdo material dos princípios da razoabilidade e da proporcionalidade; 8.5.3 Alcance no exercício da competência tributária: 8.5.3.1 Momento cronológico e aspectos lógicos de sua verificação; 8.5.3.2 A estrutura lógica da norma jurídica; 8.5.3.3 Verificação no antecedente da norma jurídica; 8.5.3.4 Verificação na compostura lógica da norma jurídica; 8.5.3.5 Verificação na proporcionalidade do conteúdo prescritivo; 8.5.3.6 Verificação na finalidade perseguida (princípio da finalidade).

A interpretação de qualquer disposição normativa existente e válida no ordenamento jurídico deve guardar consonância com os princípios que conferem perspectiva sistemática ao direito positivo.

Nesse desiderato, destaque-se que os princípios republicano e federativo foram alçados pela Constituição Federal à categoria jurídica de sobreprincípios, razão por que todas as demais normas jurídicas *lato sensu* existentes no sistema do direito positivo neles encontram seu fundamento de validade. Por tal razão, os enunciados normativos inovadores da ordem jurídica não podem pretender limitar os confins dessas cláusulas pétreas.

Assim, a proposta exegética objetiva e imparcial que se pretende conferir ao presente estudo exige a conciliação harmônica do conteúdo das normas jurídicas instrumentais aos princípios informadores do direito positivo.

8.1 Segurança jurídica

A inteligência de José Souto Maior Borges,[1] Celso Antônio Bandeira de Mello[2] e Geraldo Ataliba[3] confere à segurança jurídica um valor pujante que espraia seus efeitos normativos por todo o ordenamento jurídico. Com isso, o exegeta não pode pretender interpretar o Direito e os confins do Estado de Direito desgarrado desse princípio maior e imediatamente decorrente do primado republicano.

A segurança jurídica assegura aos administrados a previsibilidade da atuação daqueles que exercem as funções públicas (princípio da não-surpresa). No Direito norte-americano esse primado exige que o comportamento da Administração Pública seja fundado na *fair administration*, ou seja, na lealdade do Estado nas relações jurídicas com os administrados. Essas duas construções guardam entre si estreita congruência jurídica, pois conferem ao administrado o direito subjetivo constitucional à previsibilidade da atuação estatal.[4]

Nota-se, pois, que a antítese do Estado de Direito revela-se por meio da insegurança jurídica. Mas não apenas isso. Como as garantias fundamentais veiculadas no art. 5º da CF resguardam esse princípio fundamental, a insegurança jurídica denuncia o Estado que desprestigia os mais basilares fundamentos do Estado de Direito, o que não se compadece com as feições do nosso Estado Democrático de Direito.

Dessa forma, se pretendemos edificar os limites objetivos das normas jurídicas tributárias instrumentais, devemos apurar as fronteiras que harmonizam o seu possível conteúdo com o substrato normativo (lei em sentido estrito) decorrente da segurança jurídica e dos princípios constitucionais que implementam o seu desiderato.

8.2 Legalidade

Por força do princípio da legalidade inserto no art. 5º, II, da CF, ninguém será obrigado a fazer ou deixar de fazer algo senão em virtude

---
1. "Princípio da segurança jurídica na criação e na aplicação do tributo", *Revista de Direito Tributário* 63/206-210.
2. *Curso de Direito Administrativo*, pp. 112-114.
3. *República e Constituição*, pp. 169-187.
4. Nesse sentido, verifique-se o art. 2º, parágrafo único, XIII, da Lei ordinária federal n. 9.784/1999.

de ato normativo produzido por meio da manifestação de vontade daqueles que receberam mandato eletivo para exprimir a vontade do povo.

Tal como qualquer outra garantia constitucional, a legalidade deve ser contrabalançada com outros valores igualmente prestigiados no ordenamento jurídico. Em razão da proeminência dos valores veiculados nessa garantia fundamental, a Constituição Federal indicou expressa e excepcionalmente as hipóteses em que relações intersubjetivas podem ser reguladas por instrumento que não tenha sido objeto de consentimento dos representantes do povo.

Essas premissas já seriam suficientes para afirmarmos que as normas jurídicas tributárias instrumentais só podem ser veiculadas por ato normativo decorrente de regular procedimento legislativo. Com efeito, quando se afirma que o direito positivo permite apenas a tributação consentida (traduzido no brocardo anglo-saxão "no taxation without representation"), entendemos que os enunciados normativos de direito tributário material e de direito tributário formal devem ser veiculados em lei formal até mesmo porque, como advertiu John Marshall (em voto proferido no caso McCulloch *vs.* Maryland), "the power to tax involves the power to destroy".

No entanto, em razão de pensamentos "inovadores" influenciados pela absorção entusiasmada e incondicional de uma literatura estrangeira mal-compreendida e importada sem as devidas adaptações ao Direito pátrio, passou-se a proclamar que há possibilidade de o Poder Executivo produzir atos normativos regulando de maneira inaugural o ordenamento jurídico. Essa relativização do princípio da legalidade há tempos era abominada por Geraldo Ataliba ao denunciar que "(...) entre nós – desgraçadamente, com inadvertido abono dos tribunais –, em nome da eficiência, versatilidade e dinamismo do Estado, vão-se derrubando todas as barreiras jurídicas ao arbítrio. Este vai, pouco a pouco, ficando mais desembaraçado. No Brasil optamos, nitidamente, pelo 'valor talvez intangível da legitimidade, sobre o pragmatismo da eficácia'".[5]

Sob essa perspectiva alguns passaram a sustentar que o princípio da legalidade é gênero do qual a reserva legal e a legalidade (*stricto sensu*) são espécies.

---

5. *República e Constituição*, p. 176.

8.2.1 Princípio da legalidade e a reserva de lei; delegação legislativa e os limites do poder regulamentar

O princípio da legalidade é um referencial jurídico-positivo, vale dizer, é por meio do direito positivo (base empírica dos operadores do Direito) que o intérprete encontra a linguagem-objeto para descrever o seu sentido, seu conteúdo e seu alcance.

Em alguns ordenamentos jurídicos prospera a segregação entre os postulados da legalidade (*stricto sensu*) e da reserva de lei como distintas facetas do primado da legalidade. Alhures, aquela representa a submissão e o respeito dos atos normativos infralegais inovadores da ordem jurídica aos parâmetros fixados em lei formal, ao passo que esta demanda que o direito positivo seja inovado apenas por meio de ato normativo submetido a regular procedimento legislativo.

Alguns, como Hugo de Brito Machado, sustentam que as normas jurídicas instrumentais podem ser criadas por qualquer ato inserto no conceito de legislação tributária referida no art. 96 do CTN, ou seja, que não estão submetidos à reserva de lei. Outros, como Misabel de Abreu Machado Derzi, entendem que lei formal apenas modela os contornos básicos das obrigações tributárias instrumentais sendo atributo de atos normativos infralegais explicitar com margem de discricionariedade o conteúdo da lei, ou seja, que são submetidos à legalidade (*stricto sensu*), espécie do gênero princípio da legalidade.

Não podemos concordar com as ponderações desses autores porque nossa Constituição Federal não prevê como regra a segregação existente no estrangeiro entre legalidade e reserva de lei. Com efeito, uma das poucas oportunidades em que um ato normativo infralegal pode modificar de modo inovador o plexo de direitos e obrigações entre Administração e administrados encontra-se veiculado no art. 153, § 1º, da CF.

Com efeito, se o art. 150, I, da CF determina que somente a lei poderá aumentar tributo (entendido de modo mais amplo como a possibilidade de alterar a alíquota e/ou a base de cálculo de tributos), aqui se aplica integralmente o princípio da legalidade. No entanto, o art. 153, § 1º, da Constituição da República faculta ao "Poder Executivo, atendidas as condições e os limites estabelecidos em lei, alterar as alíquotas" de alguns impostos de competência da União.

É inegável que nessa hipótese (do art. 153, § 1º, da CF) a lei federal poderá fixar a banda de alíquotas dentro da qual o Poder Executivo, mediante ato infralegal, fixará um dos elementos que o destinatário constitucional do tributo deverá utilizar para calcular o *quantum debeatur* a título de imposto.

A cada nova alteração de alíquota tem-se a modificação da ordem jurídica, pois uma nova obrigação será imposta ao destinatário constitucional do tributo. Imaginemos, por exemplo, que um decreto fixe a alíquota de um desses impostos em zero. Nesse momento, a sua base calculada será igual a zero (ou seja, nenhuma parcela da riqueza do destinatário constitucional do imposto será gravada por meio da tributação). A esfera patrimonial do contribuinte permanece incólume e seu *status* jurídico é inalterado, porque concretamente nenhum comportamento lhe é exigido pelo direito positivo. Em momento cronológico posterior, outro decreto é produzido e a alíquota daquele imposto é aumentado esgarçando parcela da riqueza do sujeito passivo da obrigação tributária material. Por meio dessa sucessão de atos normativos infralegais, o destinatário constitucional do tributo que antes se encontrava inerte passa a ser obrigado a entregar parcela de seu patrimônio ao Estado.

Com isso reconhecemos que nessa hipótese a ordem jurídica pode ser inovada de modo inaugural por ato infralegal, sem que com isso haja burla ao primado da legalidade.[6] Nem poderia ser outro o entendimento, pois o conteúdo dessa disposição constitucional permite que lei federal fixe e suprima os parâmetros de atuação do Poder Executivo nessa matéria.

E na hipótese em que a Constituição Federal faculta essa atividade inovadora do Poder Executivo circunscrevendo-a aos parâmetros fixados na lei temos aquilo que Oswaldo Aranha Bandeira de Mello[7] denominou *regulamentos autorizados* ou *delegados*. Se em outras épocas o direito positivo não concebia a existência dessa espécie de regulamento

---

6. Esse também é o entendimento de Roque Antonio Carrazza ao afirmar que "a Carta Magna só previu a possibilidade de o Poder Executivo inovar a ordem jurídico-tributária no art. 153, § 1º (...). Não há, neste dispositivo constitucional, qualquer exceção ao *princípio da legalidade*. Apenas o Texto Magno permite, no caso, que a lei delegue ao Poder Executivo a faculdade de fazer variar, observadas determinadas condições e dentro dos limites que ela estabelecer, as alíquotas (*não* as bases de cálculo) dos mencionados impostos" (*Curso de Direito Constitucional Tributário*, pp. 279 e 281). Na mesma trilha enveredou José Souto Maior Borges ("Princípio constitucional da legalidade e as categorias obrigacionais", *Revista de Direito Tributário* 23-24/87-89).

7. *Princípios Gerais de Direito Administrativo*, vol. 1, p. 346.

– como pensava Márcio Cammarosano[8] – a nova ordem jurídica acolheu essa possibilidade.

Tratando-se de disposição oriunda de manifestação de vontade do Poder Constituinte tudo é possível. Se na criação de um novo Estado não há falar em direito adquirido, ato jurídico perfeito ou mesmo coisa julgada – como previsto, exemplificativamente, no art. 17 do Ato das Disposições Constitucionais Transitórias – ADCT – o princípio da legalidade também pode ter seus possíveis atributos delimitados.

Note-se que o primado da legalidade pode ser delimitado, mas jamais limitado. Essa afirmativa não é um mero jogo de palavras destituído de um sentido preciso, mormente porque os vocábulos limitação e delimitação representam distintos objetos mentados. Enquanto o primeiro conceito revela a produção legislativa do Poder Constituinte, o segundo só pode decorrer de atividade legislativa do Poder constituído. E pela dinâmica normativa do nosso ordenamento jurídico – que ergueu o princípio da legalidade ao *status* jurídico de cláusula pétrea –, é juridicamente inválida a proposta de deliberação legislativa tendente a suprimir qualquer espécie de garantia decorrente do conteúdo jurídico do princípio da legalidade.

Ora, se o conteúdo desse ato (proposta) do procedimento legislativo não pode ser objeto de deliberação em razão de sua inconstitucionalidade, com maior razão o produto desse procedimento (ato normativo) poderá padecer de idêntico vício.

Em síntese, o Poder constituído tem seu exercício limitado às balizas fixadas pelo Poder Constituinte. Não obstante isso (até mesmo porque o papel tudo aceita), algumas exceções ao primado da legalidade foram veiculadas por meio de emenda constitucional – art. 2º, § 1º, da EC n. 3/1993 e art. 177, § 4º, I, "b" da CF, acrescido pela EC n. 33/2001. Em face do quanto foi dito e exposto, entendemos que o preceptivo constitucional que predica o primado da legalidade como uma cláusula pétrea acaba não conferindo validade a essas disposições normativas. Contudo, até que estas disposições sejam impugnadas e retiradas do sistema positivo pelo órgão credenciado, seus mandamentos continuarão regulando relações intersubjetivas até o final dos tempos.

---

8. "Regulamentos", *Revista de Direito Público* 51-52/131-133.

Se a Constituição republicana prevê como regra a estrita obediência ao primado da legalidade, direitos e obrigações não podem ser introduzidos inovadoramente no direito positivo por meio de atos infralegais.

Em razão disso, pensamos que é falaciosa a afirmativa no sentido de que o ordenamento jurídico brasileiro distingue o princípio da legalidade da reserva de lei à moda do que ocorre alhures. A propósito do tema, Clèmerson Merlin Clève[9] pondera que, como antes exposto, a reserva de lei é uma exceção taxativa, podendo falar-se, apenas e tão-somente, em reserva de lei do Congresso Nacional nas matérias arroladas no art. 68, § 1º, da CF.

Daí por que todas as possíveis espécies de atos normativos infralegais – e nisso incluem-se os *regulamentos autorizados* ou *legais* –, encontram seu fundamento imediato na lei e mediato na Constituição Federal. E ressalvada exceção – que tem sua razão de existir na seara do direito tributário por causa da especial morfologia de alguns impostos denominados regulatórios ou extrafiscais –, os atos regulamentares dependem da lei e almejam finalidades específicas e intransbordáveis.

Os arts. 84, IV, e 87, parágrafo único, II, da CF atribuem o dever (Santi Romano), respectivamente, ao Presidente da República e aos Ministros de Estado de produzirem decretos e regulamentos para fiel execução da lei. E ainda que esse dispositivo mencione apenas o Chefe do Poder Executivo Federal e seus Ministros, os Governadores do Estado e do Distrito Federal, os Prefeitos dos Municípios e os Chefes das Secretarias estaduais e municipais também devem observar fielmente esse conteúdo em razão do art. 25, *caput*, do Texto Maior.

Ora, se uma norma jurídica tributária formal demanda regulamentação para sua fiel execução, esse ato infralegal está preordenado a particularizar os expedientes necessários à implementação da atividade administrativa de aplicação do mandamento normativo ao caso concreto. Ao assim fazer, essa fonte normativa secundária estará confinando a possível discricionariedade dos agentes públicos.

Como a função administrativa é caracterizada pelo cometimento de deveres (consistentes na satisfação do interesse público) e dos poderes necessários à persecução dessa finalidade – razão por que a Administra-

---

9. *Medidas Provisórias*, p. 78.

ção é titular de "deveres-poderes" (Celso Antônio Bandeira de Mello) em prol de interesse alheio –, sua atividade é de mera subserviência jungida, portanto, à estrita observância do conteúdo das normas jurídicas veiculadas em lei formal.

Deveras, por força do princípio da indisponibilidade, pela Administração, do interesse público – que é mandamento jurídico-positivo derivado do primado da legalidade – o Poder Público, no exercício da função administrativa, não pode, na visão de Michel Stassinopoulos,[10] agir *contra legem* ou *praeter legem*, mas apenas *secundum legem*.

Note-se que a Administração Pública centralizada ou descentralizada tem o dever de implementar os fins que lhe foram constitucionalmente atribuídos mediante o exercício concreto do plexo de poderes que lhe foram outorgados.

Tendo a Administração o poder (competência constitucional para praticar determinados atos), ela tem o dever de realizá-los, já que é mera curadora (gestora) dos interesses públicos. E, por esta razão, Celso Antônio Bandeira de Mello afirma que "no direito privado vigora, como regra, a autonomia da vontade e, portanto, a livre disposição sobre os bens e interesses. No direito público, de revés, os interesses são impessoais, são definidos pela Constituição e pelas leis, ficando, portanto, assim como os bens adstritos a tal destino, acima e salvo do mero influxo da vontade de pessoa jurídica a que foram irrogados. A esta cabe, tão-só, estes interesses e manejar tais bens em obséquio à Constituição, nos atos diretamente infraconstitucionais, e em obséquio às leis, nos atos imediatamente infralegais".[11]

Bem se vê que, estando o exercício da competência administrativa atrelado (vinculado) ao princípio da estrita legalidade, caberá à Administração "aplicar a lei de ofício".[12]

Dessa forma, se a lei não puder ser aplicada de plano pela Administração, será dever do Chefe do Poder Executivo regulamentá-la. Por tal razão, Geraldo Ataliba averbava que "só cabe regulamento em matéria

---

10. *Traité des Actes Administratifs*, Atenas, Sirey, 1954, p. 69, *apud* Celso Antônio Bandeira de Mello, *Curso de Direito Administrativo*, p. 92. Essas expressões também são utilizadas por Oswaldo Aranha Bandeira de Mello (*Princípios Gerais de Direito Administrativo*, vol. 1, pp. 352-353).
11. "Empréstimos públicos", *Revista de Direito Público* 92/63.
12. Seabra Fagundes, *O Controle dos Atos Administrativos pelo Poder Judiciário*, pp. 4-5.

que vai ser objeto de ação administrativa ou desta dependente. O sistema só requer ou admite o regulamento, como instrumento de adaptação e ordenação do aparelho administrativo, tendo em vista, exatamente, a criação de condições para a *fiel execução das leis*".[13]

Esses atos infralegais (*decretos executivos*, nas palavras de Oswaldo Aranha Bandeira de Mello)[14] visam, apenas e tão-somente, a dispor sobre as regras de procedimento a serem observadas na estrutura orgânica da Administração e os parâmetros objetivos para interpretação e aplicação de enunciados normativos, assim disciplinando a produção de atos administrativos discricionários em prol da segurança jurídica. Nessa última espécie, incluem-se os atos produzidos por agente público competente que, em razão de utilização de empregos técnicos na lei, demandam a averiguação de idêntico quilate pela Administração (como ocorre, por exemplo, em relação às normas penais em branco).

Além desses dois propósitos dos regulamentos, Celso Antônio Bandeira de Mello vislumbra uma terceira finalidade, qual seja: "*decompor analiticamente o conteúdo de conceitos sintéticos*, mediante simples discriminação integral do que neles se contém".[15] Esses, portanto, são os três desideratos dos atos infralegais em nosso ordenamento jurídico. Estamos deixando de lado, por desnecessidade em relação ao tema versado neste trabalho, a querela do regulamento autônomo.

Ao cabo desta exposição, entendemos que as normas jurídicas tributárias instrumentais não podem ser veiculadas originariamente em atos infralegais. De fato, nas singulares e inalteráveis hipóteses em que essa exceção é constitucionalmente autorizada, não se arrolou qualquer dos possíveis mandamentos insertos no campo do direito tributário formal (apenas na seara do direito tributário material).

É dizer: as normas jurídicas instrumentais só podem ser introduzidas de modo inaugural no ordenamento jurídico por meio das denominadas fontes primárias do Direito (decorrentes da garantia de *autonormación* ou *autoimposición* a que se refere José Juan Ferreiro Lapatza,[16] fruto, por conseguinte, de regular procedimento legislativo).

---

13. "Decreto regulamentar no sistema brasileiro", *Revista de Direito Administrativo* 97/28 – destaque no original.
14. *Princípios Gerais de Direito Administrativo*, vol. 1, p. 346.
15. *Curso de Direito Administrativo*, p. 340.
16. "El principio de legalidad y la reserva de ley", *Revista de Direito Tributário* 50/10.

Assim, considerável parcela da "legislação tributária", referida no art. 96 do CTN, não tem aptidão constitucional para submeter de modo vestibular uma pessoa ao cumprimento de uma obrigação de fazer ou não fazer algo no interesse da arrecadação ou da fiscalização de tributos. Com isso, deixamos claro que a referência à "legislação tributária" contida no art. 113, § 2º, do CTN não tem a envergadura que lhe pretendem conferir os arts. 96 e 100 do referido diploma. Logo, a alusão referida no primeiro dispositivo legal deve ser confinada ao limite juridicamente possível ou, como alude o Supremo Tribunal Federal, na "interpretação conforme a Constituição".

Assim, pensamos que norma geral e abstrata inovadora do ordenamento jurídico nesta matéria poderá ser veiculada por lei formal e por lei delegada. Nesta última hipótese, ainda que esse ato normativo não tenha sido incluído no rol de legislação tributária, a Constituição Federal autoriza que essa matéria seja objeto de delegação legislativa.

Com efeito, o art. 68 da Constituição da República autoriza a produção de leis delegadas cujo objeto não tenha por matéria conteúdo afeto à competência exclusiva da Câmara dos Deputados, do Senado Federal ou do Congresso Nacional à lei complementar, além dos incisos do § 1º do mencionado artigo constitucional. Como a produção de lei versando sobre matéria de direito tributário formal ou adjetivo não é atribuição exclusiva do Congresso Nacional (art. 48, I, da CF) nem tampouco reservada à lei complementar (conforme esclarecemos no Capítulo 7, item 7.3), é possível haver delegação legislativa a respeito desse tema.

Nada impede que norma geral e abstrata seja veiculada por meio de ato normativo infraconstitucional (diga-se, de passagem, que os regulamentos geralmente são gerais e abstratos). Contudo, sobreditos atos normativos insertos pelo Código Tributário Nacional no rol da "legislação tributária" ou precedem a produção de ato normativo individual e concreto ou são, eles mesmos, atos dessa estrutura normativa.

O que importa destacar e ressaltar é que somente ato emanado de procedimento legislativo pode criar nova norma jurídica de direito tributário formal *stricto sensu* ou as regras que a compõem. Em nosso entendimento, a delegação legislativa decorre indiretamente de um procedimento legislativo – ou *procedimento legislativo especial* a que se refere José Afonso da Silva[17] –, pois a resolução expedida pelo Congresso

---

17. *Curso de Direito Constitucional Positivo*, pp. 531-532.

Nacional (decorrente de um procedimento) especificará o conteúdo e os termos de seu exercício pelo Presidente da República e, eventualmente, sua ulterior apreciação e votação. Caso esses limites não sejam observados pelo ato normativo produzido pelo Presidente da República, o Congresso Nacional poderá suspender sua eficácia normativa, nos termos do art. 49, V, da CF.

Por esse motivo, aderimos integralmente ao pensamento de José Souto Maior Borges ao sustentar, ainda sob a égide da Constituição de 1967/1969 (cujo raciocínio continua aplicável na nova ordem constitucional), que "(...) da referência à 'legislação tributária' pelo art. 113, § 2º do CTN não se segue que o decreto regulamentar possa ou, o que não é o mesmo, que só ele deva instituir obrigações acessórias. Ou ainda, o que é o mesmo, que a obrigação acessória venha a promanar de qualquer ato normativo, integrante da legislação tributária. Somente porque o CTN prescreve que a obrigação acessória decorre da legislação tributária (art. 113, § 2º). Decorre, sim. Não porém de qualquer ato de legislação tributária. Só da lei. Pela simples e até simplória razão de que não se deve interpretar um texto normativo (o do CTN, art. 113, § 2º) dissociado do contexto normativo que lhe seja supra-ordenado (o da CF, art. 153, § 2º). Trata-se pois de uma interpretação corretiva da formulação literal do art. 113, § 2º. Não de uma interpretação ab-rogante do seu conteúdo normativo".[18]

Se o sistema de direito positivo proíbe que atos infralegais criem novas espécies de obrigações tributárias instrumentais não previstas em lei formal, poderia esse impedimento constitucional ser suplantado pelo Poder constituído por meio de delegação legislativa? Claro que não.

8.2.2 Delegação legislativa e os limites do poder regulamentar

O primado da separação dos Poderes (art. 2º da CF) impede que os agentes públicos de um ou de outro conjunto orgânico das funções estatais[19] remanejem entre si as atribuições que lhe foram aquinhoadas constitucionalmente.

---

18. "Princípio constitucional da legalidade e as categorias obrigacionais", *Revista de Direito Tributário* 23-24/89-90.

19. Pelas lições de Celso Antônio Bandeira de Mello (acolhidas por nós), as funções estatais podem ser classificadas a partir de dois critérios: (i) orgânico – que segrega

A única e excepcional hipótese que a Constituição Federal de 1988 permite à delegação legislativa está veiculada em seu art. 68 e em nenhuma outra disposição constitucional fruto do Poder Constituinte. Daí por que nossa realidade jurídica desacolhe a possibilidade de delegação legislativa como ocorre, por exemplo, nos Estados Unidos da América do Norte onde o crivo constitucional do transpasse do exercício das funções estatais restringe-se à apuração da razoabilidade da delegação realizada.

A criação de novo dever ou poder (Santi Romano), direito ou obrigação demanda a imposição consentida do povo (por meio dos seus mandatários). Atos infraconstitucionais, em regra, não podem versar sobre criação de norma jurídica *lato sensu* inovadora da ordem jurídica.

Tanto isso é verdade que o art. 25 do ADCT veiculou em seu conteúdo prescrição normativa *revogando* os enunciados normativos que delegassem atribuição legislativa a outro conjunto orgânico das funções estatais e *recepcionando* as normas produzidas em razão de válida delegação operada sob a égide da Constituição Federal de 1967/1969.

Mas, ao que tudo indica, esse flagrante impedimento constitucional não refreou o ânimo de os agentes competentes – em manifesto desvio de poder – delegarem uns aos outros algumas funções privativas. Verifique-se, a propósito, o teor do art. 40 da MP n. 2.158-35, de 24.8.2001, ainda em vigor por força do disposto no art. 2º da EC n. 32, de 11.11.2001:

"Art. 40. A Secretaria da Receita Federal poderá *instituir* obrigações acessórias para as pessoas jurídicas optantes pelo Sistema Integrado de Pagamento de Impostos e Contribuições das Microempresas e das Empresas de Pequeno Porte – SIMPLES, instituído pela Lei n. 9.317, de 5 de dezembro de 1996, que realizarem operações relativas a importação de produtos estrangeiros" (destaque nosso).

Esse artigo da MP n. 2.158-35/2001 é flagrantemente inconstitucional, pois, tendo a Constituição Federal aquinhoado ao Poder Legislativo a competência para produzir enunciado normativo inovador da ordem jurídica, sua delegação para um agente público (porque a Secre-

---

as funções estatais a partir do agente que a exerce; e (ii) objetivo – que segrega as funções estatais tomando como referencial o seu objeto e não o agente e se subdivide em (ii.1) objetivo material e (ii.2) objetivo formal (*Curso de Direito Administrativo*, pp. 30-34).

taria da Receita Federal é órgão da Administração e, por isso, não goza de personalidade jurídica) burla a independência entre os Poderes e afronta o primado republicano sendo imutável como taxativamente determina o inciso III do § 4º do art. 60 da CF.

É nesses casos, conforme o Ministro Celso de Mello assentou com absoluta pertinência, que se impõe *"antes de mais nada*, que o legislador *não haja excedido* os limites que condicionam, *no plano constitucional*, o exercício de sua *indisponível* prerrogativa de fazer instaurar, *em caráter inaugural*, a ordem jurídico-normativa. Isso significa dizer que o legislador *não pode* abdicar de sua competência institucional para permitir que órgãos do Estado – *como o Poder Executivo* – produzam a norma que, *por efeito de expressa reserva constitucional*, só pode derivar de fonte parlamentar".[20]

8.3 Anterioridade e irretroatividade

O tema não comporta, por ora, meditações mais profundas porque a irretroatividade dos comandos normativos que criam novos direitos e obrigações ou deveres e poderes impede que possam produzir eficácia retroativa colhendo em seu aspecto material fato ocorrido antes de seu advento. Basta que tenhamos em mente que, segundo o primado da anterioridade, é proscrito ao Poder constituído pretender atribuir àquele fato ocorrido no mundo fenomênico, antes do advento de específica disposição normativa, o atributo de fato jurídico. Daí se segue que somente os fatos ocorridos após o advento do veículo introdutor da norma serão qualificados como fatos jurídicos.

Esse raciocínio – conhecido pela esmagadora maioria dos brasileiros – é excepcionado apenas quando o produto legislado veicule em seu conteúdo norma jurídica criadora de situação jurídica mais favorável que aquela até então vigente.

Já a anterioridade – excepcionada apenas pelo art. 150, § 1º, da CF – tem seus efeitos restritos no campo do direito tributário material porquanto as correspondentes disposições constitucionais referem-se, apenas e tão-somente, à cobrança de tributos. Assim, as obrigações tributárias instrumentais observam a regra geral vigente em nosso direito positivo (veiculada na Lei de Introdução ao Código Civil).

---

20. Voto proferido nos autos do RE 172.394-7-SP – destaques no original.

8.4 Isonomia

Os primados da isonomia e da legalidade – conforme demonstrou José Souto Maior Borges[21] – representam um único primado: "legalidade isonômica".

A respeito do tema, os ensinamentos de Celso Antônio Bandeira de Mello[22] são, reconhecidamente, insuperáveis. O autor desvendou, sob o plano lógico, os critérios constitucionalmente autorizados para distinguir pessoas e situações em diferentes grupos, de tal sorte a autorizar a produção e incidência de regra que prescreva tratamento jurídico diferenciado entre sujeitos de direito, prestigiando-se o princípio da igualdade.

Qualquer disposição normativa em Direito – incluindo-se, pois, o direito tributário formal e material – deve observar esse primado (cláusula pétrea) sob pena de inconstitucionalidade.

Nesse sentido, Celso Antônio Bandeira de Mello demonstrou que o sistema jurídico veda a produção de lei que prescreva desequiparações desarrazoadas entre as pessoas, quais sejam, aquelas levadas a cabo a partir da eleição aleatória de fatores objetivos que supostamente autorizariam o tratamento jurídico diferenciado, sem que, contudo, haja relação de pertinência lógica entre discriminação realizada e a finalidade pretendida.

O exame lógico da regra que prescreve um tratamento diferenciado entre sujeitos de direito demanda a análise das seguintes premissas: (i) o elemento adotado como critério diferenciador; (ii) a correlação lógica abstrata entre este elemento e o tratamento jurídico dado por força da desigualdade eleita pela norma; e, por fim, (iii) se a prescrição geral e abstrata guarda sintonia com os princípios e sobreprincípios que informam o sistema do ordenamento jurídico brasileiro.

A análise da questão da igualdade demanda, portanto, a apreciação crítica dos elementos normativos da regra de produção normativa (veiculada pela Constituição Federal), da norma produzida pelo legislador infraconstitucional e aquelas normas individuais e concretas que aplicam os comandos gerais e abstratos.

---

21. "Princípio da isonomia e sua significação na Constituição de 1988", *Revista de Direito Público* 93/34-40, e "Isonomia tributária na Constituição Federal de 1988", *Revista de Direito Tributário* 64/8-17.
22. *O Conteúdo Jurídico do Princípio da Igualdade*.

Com efeito, não é autorizada a veiculação, no antecedente de uma norma que prevê um tratamento jurídico diferenciado, de hipótese que singularize no presente e definitivamente, de modo absoluto, o destinatário do regime individual. Esta circunstância vedada pelo ordenamento ocorrerá quando (i) não houver possibilidade lógica de sua reprodução – que somente um indivíduo ou um punhado determinável tenha praticado o ato – e (ii) não houver possibilidade material de sua reprodução, tendente a demonstrar o favorecimento, atual e absoluto, de determinada pessoa.

Sem embargo do quanto exposto, há possibilidade de a descrição geral e abstrata do antecedente normativo favorecer uma única pessoa que, por ocasião da produção do ato normativo, era indeterminável. Pelo princípio da igualdade veda-se que o critério material normativo veicule uma situação caracterizadora de favoritismos ou perseguições a pessoas previamente determinadas.

Uma norma que tenha por predicado a generalidade e abstração não violará a regra da igualdade. Já aquela que apresenta atributos de individualidade e concretude poderá ou não afrontar essa garantia individual se, respectivamente, apontar para uma pessoa determinada ou determinável e, caso individual, também seja concreta.

Pensamos que uma norma individual e concreta não afrontará o primado da igualdade quando for produzida para aplicação da norma geral e abstrata. Ou seja, se um sujeito indeterminável se subsume à hipótese de uma norma geral e abstrata e tem direito a um determinado benefício prescrito no seu conseqüente normativo, é necessário que a pessoa competente produza uma norma individual e concreta para que o benefício seja concedido no caso concreto.

Demais disso, o traço diferenciador deve ser buscado na pessoa atingida pelo tratamento individualizado (ou, ainda, em fatos ou situações que lhe digam respeito). Isso porque, o sujeito previsto no critério pessoal do conseqüente normativo deve realizar o evento descrito na materialidade da hipótese sob pena de inexistência de nexo de causalidade entre os termos da norma (o que viciaria sua compostura lógica, tornando-a inaplicável). Anote-se, ademais, que fatores de tempo e espaço não autorizam, por si só, a incidência da norma que prevê o tratamento diferenciado.

O elemento de diferenciação eleito (residente em uma pessoa, ou em fatos ou situação que lhe digam respeito) deverá guardar correlação lógica (pertinência lógica, adequação racional ou justificativa racional) com o tratamento diferenciado que foi prescrito em atenção a esta circunstância. Cremos que a pertinência lógica, repetidamente referida por Celso Antônio Bandeira de Mello, encontra sua gênese na teoria das relações, tão bem estudada pelo mestre Lourival Vilanova.[23] Por outras palavras, somente se houver relação (falta de pertinência lógica ou adequação racional representam a inexistência de vínculo relacional) entre o antecedente e o conseqüente normativo é que poderá haver a incidência da norma.

Por fim, é necessário que o tratamento jurídico diferenciado encontre seu fundamento jurídico de validade em uma norma que lhe seja hierarquicamente superior, a qual deve, em qualquer hipótese, guardar sintonia com os princípios informadores do ordenamento jurídico.

São estas, portanto, as etapas lógicas do processo de investigação científica para apurar a consonância de qualquer disposição normativa (legal ou infralegal) ao primado da isonomia. Por tal razão, a norma tributária instrumental deve obedecer a esses primados para que guarde consonância com esse princípio informador do direito positivo.

8.5 Razoabilidade e proporcionalidade

As normas jurídicas tributárias instrumentais visam a abastecer o agente público competente de informações que lhe permitam verificar o surgimento de uma obrigação tributária material no ordenamento jurídico e seu eventual cumprimento.

Não basta que esta finalidade esteja presente na norma jurídica para que o conteúdo jurídico de suas disposições seja, por si só, válido. É imprescindível que os aspectos componentes da sua estrutura lógica (da norma jurídica) guardem entre si e almejem, em seu conjunto, atingir a finalidade que preside sua existência com atributos de razoabilidade e proporcionalidade.

Desvendar o *iter* para apuração do atendimento de uma norma jurídica aos princípios da razoabilidade e proporcionalidade é tarefa capital

---

23. *Causalidade e Relação do Direito*.

para identificarmos os limites da conciliação harmônica do conteúdo das normas jurídicas instrumentais e esses princípios informadores do direito positivo.

8.5.1 Conteúdo determinável dos conceitos vagos

Em estudo preliminar sobre a extensão do sentido, do conteúdo e do alcance da cláusula do devido processo legal substantivo e adjetivo, Orlando Bitar esclarece que "a noção de *due process*, como aferidora de legitimidade, passou a ser fixada não por *dados objetivos e rígidos*, mas pelas *convicções subjetivas e plásticas* – pela sua filosofia social, política ou econômica, por sua *Weltanschauung*". Justamente em razão de uma suposta inexistência de um conteúdo jurídico mínimo dessa cláusula "uma lei razoável era a que parecia sensível, plausível e inteligente *aos juízes que a examinavam*. Que seja política, sensível, plausível ou inteligente é reflexão da filosofia social e econômica do indivíduo – dos seus *standards* de valores. Quando, pois, a Corte aplicava o teste de razoabilidade, ela media a lei *pela suas próprias atitudes econômicas e sociais*. Se, à luz dessas atitudes, a lei parecia inteligente, os JJ. a sustinham; se não – declaravam-na irrazoável, arbitrária e violadora do *due process of law*, portanto inconstitucional".[24]

O conteúdo jurídico dessas cláusulas não é, em nosso entendimento, laxo a ponto de desautorizar a construção de um conteúdo mínimo de sua significação. Nem poderia ser de outra forma sob pena de o conceito veiculado pelo vocábulo utilizado no texto legislado ser destituído de qualquer significado e, portanto, imprestável no processo de comunicação a que destinada a norma jurídica.[25]

---

24. *Obras Completas de Orlando Bitar*, vol. 3, pp. 115-116 – destaques no original.

25. Celso Antônio Bandeira de Mello esclarece que "(...) a imprecisão, fluidez, indeterminação, a que se tem aludido residem *no próprio conceito e não na palavra que os rotula*. Há quem haja, surpreendentemente, afirmado que a imprecisão é da palavra e não do conceito, pretendendo que este é sempre certo, determinado. Pelo contrário, as palavras que os recobrem designam *com absoluta precisão* algo que é, em si mesmo, um objeto mentado cujos confins são imprecisos.

"Se a palavra fosse imprecisa – e não o conceito – bastaria substituí-la por outra ou cunhar uma nova para que desaparecesse a fluidez do que se *quis comunicar*. Não há palavra alguma (existente ou inventável) que possa conferir precisão às *mesmas noções* que estão abrigadas sob as vozes 'urgente', 'interesse público', 'pobreza', 'velhice',

Para que abordemos os problemas semânticos decorrentes da vaguidade[26] dos conceitos veiculados por meio de vocábulos (e no caso específico dos conceitos de razoabilidade e proporcionalidade, assim entendidas como princípios decorrentes do devido processo legal), devemos relembrar a brevíssima e perfunctória análise da teoria da linguagem para decodificar o processo comunicacional inerente ao Direito (v. capítulo 1).

A *língua* pode ser entendida como um sistema de *signos* por meio do qual se realiza a *comunicação entre as pessoas*. Diversos *signos* podem ser utilizados para permitir a comunicação (*v.g.*, expressão corporal, mímica etc.), sendo a *língua* apenas um destes *signos*.

A *língua* é um sistema convencional de *signos*, porque não pode ser modificado pelos indivíduos, assumindo caráter de instituição social. Para alguns doutrinadores, o *signo* assume a função de mediatidade, *i.e.*, aponta para algo distinto de si mesmo (para estes, esta operação lógica é denominada *significação*). Um *signo* pode ter vários *significados* (*e.g.*, o *signo* manga pode ter o *significado* de fruta ou peça de roupa), no entanto dois ou mais *signos* podem ter apenas um *significado* (*e.g.*, os *signos* casa, lar e moradia têm apenas um *significado*, qual seja, moradia).

Podemos dizer que a *linguagem* é um sistema de *signos*, assim como o direito positivo é um sistema de normas que se despregam dos textos legislados.

O *signo* tem natureza jurídica de relação entre o *suporte físico* (algo distinto de si mesmo) e o *significado* (que se refere a algo do mundo exterior ou interior, que é o *significado* do *suporte físico*). Por sua vez, o *significado* suscita em nossa mente uma idéia, um conceito desse *significado*, o qual denominamos *significação*.

Como as palavras podem ser empregadas de diversas formas pelos utentes, o intérprete deve sair de sua significação-base em busca de sua utilização no discurso, onde será possível identificar sua significação

'relevante', 'gravidade', 'calvície' e quaisquer outras do gênero. A precisão acaso aportável implicaria alteração do próprio conceito originalmente veiculado. O que poderia ser feito, evidentemente, seria a substituição de um conceito impreciso por um *outro conceito* – já agora preciso, portanto um *novo* conceito – o qual, como é claro, se expressaria através da palavra ou das palavras que lhes servem de signo" (*Discricionariedade e Controle Jurisdicional*, pp. 20-21 – destaques no original).
   26. A vaguidade é o estado de indeterminação ou imprecisão.

dentro do contexto em que está sendo utilizado (e isto é realizado mediante o processo de elucidação).

A *linguagem* não é, pois, o próprio objeto. Ela apenas representa o objeto. Como o Direito cria as suas próprias realidades (por meio do processo de segregação dos objetos), a linguagem por ele utilizada apenas representa uma realidade (veiculada pela linguagem prescritiva do direito positivo).

Valendo-se de metáfora amplamente reproduzida em nossa doutrina pelo seu cunho didático, Genaro R. Carrió demonstra a impossibilidade de se buscar identificar um único e suposto verdadeiro significado das palavras, já que "há um foco de intensidade luminosa onde se agrupam os exemplos típicos, frente aos quais não se duvida que a palavra é aplicável. Há uma imediata zona de obscuridade circundante abrangendo todos os casos em que não se duvida que não se aplica a palavra. O trânsito de uma zona à outra é gradual; entre a total luminosidade e a obscuridade total há uma zona de penumbra sem limites precisos. Paradoxalmente ela não começa nem termina em qualquer parte e, todavia, existe. As palavras que diariamente usamos para aludir ao mundo em que vivemos e a nós mesmos levam consigo essa ambígua áurea de imprecisão".[27]

Entretanto, como costumeiramente bem anota o professor Celso Antônio Bandeira de Mello,[28] os conceitos vagos (tal como razoabilidade e proporcionalidade) mantêm essencialmente estas características de indeterminação naquelas previsões normativas abstratas, porquanto no caso concreto assumem consistência e univocidade.

Essa possibilidade de determinação (que permite atribuir sentido único ao conteúdo de um conceito veiculado em um vocábulo), no entanto, não ocorre em todas as hipóteses normativas concretas. Deveras, na concreção das previsões abstratas, o conteúdo do conceito aplicável pode residir na "zona de penumbra" a que se refere Carrió.

Nessas circunstâncias, como o cientista do Direito não pode atribuir univocidade de sentido ao conceito, é desautorizada (sob a análise rigorosamente científica) qualquer afirmativa no sentido de que o ato normativo produzido carece de fundamento jurídico de validade no siste-

---

27. *Notas sobre Derecho y Lenguaje*, p. 34 – tradução nossa.
28. *Discricionariedade e Controle Jurisdicional*, pp. 22-28.

ma de direito positivo, por desatender o sentido, conteúdo e alcance na norma que lhe é hierarquicamente superior. E não será objeto de nosso esforço científico, pois, procurar construir e desvendar o sentido dos conceitos de razoabilidade e proporcionalidade na mencionada "zona de penumbra". Nosso labor será sobre a "zona de certeza positiva" e sobre a "zona de certeza negativa"[29] desses conceitos.

É necessário, então, esclarecer em que sentido empregamos o conceito de princípio, razoabilidade e proporcionalidade, para que possamos esclarecer, em razão do processo de construção mental, o sentido, o conteúdo e o alcance das locuções "princípio da proporcionalidade" e "princípio da razoabilidade".

8.5.2 Conteúdo material
dos princípios da razoabilidade e da proporcionalidade

No Capítulo 1, item 1.3, elucidamos que empregamos o conceito de princípio no sentido construído por Celso Antônio Bandeira de Mello. Passemos, então, a definir o conceito de razoabilidade e proporcionalidade.

Com efeito, entre a palavra significante e a coisa (objeto de conhecimento) interpõe-se o significado ou a significação. A palavra significante fixa em linguagem as significações conceituais construídas mediante atos de percepção e julgamento do ser cognoscente de um determinado objeto.

---

29. Estas expressões são empregadas por Celso Antônio Bandeira de Mello e acolhidas em nosso trabalho no mesmo sentido utilizado pelo publicista. Diz o mestre: "(...) mesmo que os conceitos versados na hipótese da norma ou em sua finalidade sejam vagos, fluidos ou imprecisos, ainda assim têm *algum conteúdo determinável*, isto é, certa densidade mínima, pois, se não o tivessem não seriam conceitos e as vozes que os designam sequer seriam palavras.
"(...) Logo, tem-se que aceitar, por irrefragável imposição lógica, que, mesmo que vagos, fluidos ou imprecisos, os conceitos utilizados no pressuposto da norma (na situação fática por ela descrita, isto é, no 'motivo legal') ou na finalidade, têm algum conteúdo mínimo indiscutível. De qualquer deles se pode dizer que compreendem uma *zona de certeza positiva*, dentro na qual ninguém duvidaria do cabimento da aplicação da palavra que os designa e uma *zona de certeza negativa* em que seria certo que por ela não estaria abrigada. As dúvidas só tem cabida no intervalo entre ambas" (*Discricionariedade e Controle Jurisdicional*, pp. 28-29 – destaques nossos).

Vale dizer: temos o suporte físico (objeto do conhecimento), o significado (representação em palavras do objeto do mundo exterior) e significação (idéia que temos acerca do objeto). Dentro dessa perspectiva, o conceito é a significação e, portanto, núcleo irradiador do significado.[30]

A prescrição normativa que institua uma obrigação tributária instrumental só terá razão de existir se criar mecanismos que permitam o controle do cumprimento dos mandamentos jurídico-positivos insertos no ramo didaticamente autônomo do direito tributário substantivo. Aquela existe, portanto, para servir de instrumento para verificação do cumprimento desses.

Caso uma pessoa pratique um fato qualquer direta ou indiretamente irrelevante para o direito tributário material, a obrigação instrumental que tenha por finalidade impor um fazer ou um não fazer visando a apurar a sua ocorrência no mundo fenomênico não terá razão de existir porque aquele fato não poderá ser um fato jurídico tributário. Dessa forma, a conduta prescrita não guardaria razoabilidade com a finalidade que se pretende atingir.

Poder-se-ia argumentar que essa afirmativa é inválida, pois as pessoas imunes à tributação por meio de impostos – por força do art. 150, III, "c", da CF –, ainda que não pratiquem fatos relevantes para fim de apuração de impostos, estão obrigadas a prestar declaração fornecendo dados relativos à sua condição de entidade imune à tributação por meio de impostos.

Ocorre que essa declaração prestada pela pessoa imune tem o condão de municiar a Administração com informações que permitem aquilatar o efetivo atendimento dos requisitos veiculados nos arts. 9º e 14 do CTN, cujas disposições normativas estão metodologicamente insertas no campo do direito tributário substancial.

Nessa hipótese, portanto, aquela obrigação tributária instrumental é relevante ao direito tributário, porque os seus comandos permitem à Administração Tributária apurar o cabal cumprimento dos requisitos legais para o gozo da imunidade referida.

---

30. Pensamos que esse seja o idêntico pensar de Lourival Vilanova (*As Estruturas Lógicas e o Sistema do Direito Positivo*, pp. 37-45) e Regina Helena Costa ("Conceitos jurídicos indeterminados e discricionariedade administrativa", *Revista de Direito Público* 95/126).

Idêntica irrazoabilidade seria vislumbrável naquela norma jurídica tributária instrumental que pretenda, por meio de suas disposições normativas, atribuir ao sujeito passivo da obrigação tributária instrumental o encargo de fiscalizar terceiros em prol do interesse da arrecadação e da fiscalização dos tributos como notou Celso Antônio Bandeira de Mello.[31] Tratando-se de prerrogativas cujos efeitos são irradiados por todo ordenamento jurídico, a razoabilidade e a proporcionalidade devem estar presentes tanto na norma tributária instrumental geral e abstrata, como na individual e concreta e individual e abstrata.

Essa conclusão, entretanto, emanada de um processo lógico rudimentar, é imprestável para os fins desse trabalho, já que pretendemos construir um método jurídico que permita apurar o atendimento, pelas normas jurídicas que criem as obrigações tributárias instrumentais, dos princípios da razoabilidade e da proporcionalidade.

Para Weida Zancaner, cujo raciocínio e conclusões servem como norte ao desenvolvimento de nosso raciocínio (especialmente desenvolvido no item 8.5.3.1), "(...) um ato não é razoável quando não existiram os fatos em que se embasou; quando os fatos, embora existentes, não guardam relação lógica com a medida tomada; quando, mesmo existente alguma relação lógica, não há adequada proporção entre uns e outros; quando se assentou em argumentos ou em premissas, explícitas ou implícitas, que não autorizam, do ponto de vista lógico, a conclusão deles extraída".[32] Mas não só. "A razoabilidade não se restringe apenas à mera análise para conferir se um ato, uma lei ou uma sentença foram editados, ou não, de forma coerente com as normas que os presidiram. O princípio da razoabilidade compreende, além da análise da coerência dos atos jurídicos, a verificação de se esses atos foram ou não editados com reverência a todos os princípios e normas componentes do sistema jurídico a que pertencem, isto é, *se esses atos obedecem ao esquema de prioridades adotados pelo próprio sistema*".[33]

---

31. "Ilícito tributário (notas frias)", *Revista de Direito Tributário* 62/22-32, e "Procedimento Tributário – Declaração falsa – Responsabilidade – Dever acessório – Multa – Suspeita e prova – Boa-fé e relação jurídica", *Revista de Direito Tributário* 7-8/60-70.
32. "Razoabilidade e moralidade: princípios concretizadores do perfil constitucional do Estado Social e Democrático de Direito", *Estudos em Homenagem a Geraldo Ataliba*, vol. 1, p. 623.
33. "Razoabilidade e moralidade: princípios...", cit., p. 624.

Assim, os expedientes lógicos e cronológicos que permitem aferir a observância, por um determinado ato normativo, do princípio da razoabilidade, se restringem:[34] (i) à verificação da ocorrência, no mundo fenomênico, do fato jurídico previsto no antecedente da norma jurídica; (ii) ao exame da coerência lógica entre o fato jurídico ocorrido e a conduta normada (se a ocorrência de um fato jurídico qualquer enseja aquele específico dever-ser não modalizado ou functor-de-functor); (iii) à identificação de proporcionalidade (*princípio da proporcionalidade*) entre o fato jurídico ocorrido e a conduta prescrita, ou seja, se a ocorrência de um fato jurídico qualquer, que enseja a formação (automática e infalível) do functor-de-functor, guarda proporcionalidade com o dever-ser intraproposicional[35] em suas formas modalizadas (obrigatório, permitido ou proibido); (iv) e ao atendimento da finalidade (*mens legis*) prescrita pelo ordenamento jurídico.

Percebe-se, portanto, que a proporcionalidade é um princípio que se encontra umbilicalmente associado ao exame de razoabilidade dos atos normativos, constituindo-se, pois, num dos princípios dela decorrente. Deveras, para que o exame de razoabilidade do ato normativo produzido possa ser cientificamente válido, é necessário que no seu curso (do exame) seja aferida a proporcionalidade entre o fato jurídico ocorrido e a conduta prescrita.

Esse é também o pensar de Celso Antônio Bandeira de Mello, para quem: "Em rigor, o princípio da proporcionalidade não é senão faceta do princípio da razoabilidade. Merece um destaque próprio, uma referência especial, para ter-se maior visibilidade da fisionomia específica de um vício que pode surdir e entremostrar-se sob esta feição de desproporcionalidade do ato, salientando-se, destarte, a possibilidade de correção judicial arrimada neste fundamento".[36]

Conforme já esclarecemos, entendemos que o princípio da razoabilidade limita o exercício das funções estatais na exata medida da extensão e intensidade necessária à persecução da finalidade veiculada nas normas de estrutura e de conduta. Mas essa limitação (traduzida na cláusula de proibição de excesso pela doutrina germânica) é, para os fins

---

34. Expediente análogo foi empregado por Celso Antônio Bandeira de Mello em seu *Discricionariedade e Controle Jurisdicional*, p. 19.
35. Paulo de Barros Carvalho, *Curso de Direito Tributário*, pp. 339-340.
36. *Curso de Direito Administrativo*, p. 101.

deste estudo, gênero do qual a adequação, a necessidade e a proporcionalidade em sentido estrito são espécies.[37]

O jurisperito Paulo Bonavides descreve com argúcia esses elementos do princípio da proporcionalidade. Diz o mestre que "constatou a doutrina a existência de três elementos, conteúdos parciais ou subprincípios que governam a composição do princípio da proporcionalidade. (...) *o primeiro* é a pertinência ou aptidão *(Geeignetheit)* (...). Examina-se aí a adequação, a conformidade ou a validade do fim. (...) *O segundo elemento* ou subprincípio da proporcionalidade é a necessidade *(Erforderlichkeit)* (...). Pelo princípio ou subprincípio da necessidade, a medida não há de exceder os limites indispensáveis à conservação do fim legítimo que se almeja, ou uma medida para ser admissível deve ser necessária. (...) Finalmente, depara-se-nos *o terceiro critério ou elemento* de concretização do princípio da proporcionalidade, que consiste na proporcionalidade mesma, tomada *stricto sensu*. Aqui assinala Pierre Muller, a escolha recai sobre o meio ou os meios que, no caso específico, levarem mais em conta o conjunto de interesses em jogo. Quem utiliza o princípio, segundo esse constitucionalista, se defronta ao mesmo passo com uma obrigação e uma interdição; obrigação de fazer uso dos meios adequados e interdição quanto ao uso dos meios desproporcionados".[38]

Esses são os significados dos princípios da razoabilidade e da proporcionalidade – na "zona de certeza positiva" e na "zona de certeza negativa" – que credenciam o avanço do intérprete para descrever os critérios para atendimentos destes princípios no campo metodológico autônomo do direito tributário formal.

8.5.3 Alcance no exercício da competência tributária

O ordenamento jurídico aquinhoou às pessoas políticas a competência para inovar o ordenamento jurídico criando direitos e obrigações e poderes e deveres para os sujeitos de direito. Com fundamento nesse comando contido em normas de estrutura (ou normas de produção normativa), o Poder Legislativo dessas pessoas políticas deve, para atender ao princípio de igualdade decorrente do primado republicano, inovar

---

37. Este é o mesmo entendimento de Suzana de Toledo Barros (*O Princípio da Proporcionalidade e o Controle das Leis Restritivas de Direitos Fundamentais*, p. 73).
38. *Curso de Direito Constitucional*, pp. 396-398 – destaques nossos.

o direito positivo mediante a produção de atos normativos, em regra, gerais a abstratos (atos, portanto, impessoais).

A essa visão estática do Direito alia-se aquela decorrente de sua dinâmica normativa, que demanda a produção de outros atos normativos (especialmente aqueles individuais e concretos) para que a norma geral e abstrata enseje o nascimento de uma relação jurídica individual e concreta.

Com efeito, o direito positivo seleciona determinada classe de fatos de possível ocorrência no mundo fenomênico – porque o Direito visa a disciplinar relações futuras –, atrelando a eles determinadas conseqüências, de forma a regular a conduta intersubjetiva.

Com a ocorrência do evento previsto no antecedente da norma jurídica (geral e abstrata) e sua versão em linguagem competente (por meio da produção de uma norma individual e concreta),[39] surge no mundo fenomênico uma relação jurídica entre os sujeitos de direito indicados no conseqüente normativo, isto é, entre entes com personalidade jurídica.[40]

A relação jurídica tem por conteúdo uma conduta prescrita como obrigatória, permitida ou proibida (modais deônticos). Figurando essa conduta em estado de indeterminação (ser obrigado, permitido ou proibido em relação a quê?), é necessário especificar qual é o seu objeto (fazer ou não-fazer em relação a um bem jurídico). Ao lado desse elemento objetivo, o enunciado relacional terá como termo os sujeitos que, por um lado, estão obrigados a cumprir e, por outro lado, têm o direito de exigir o cumprimento de determinada conduta. Contudo, a relação

---

39. A versão em linguagem competente, mediante a produção de uma norma individual e concreta é, na visão de Paulo de Barros Carvalho (*Direito Tributário – Fundamentos Jurídicos da Incidência*, pp. 129 e ss.), condição necessária para que o fato jurídico tenha a sua ocorrência no mundo fenomênico juridicamente reconhecida. Essa visão, pensamos, também já havia sido antevista por Geraldo Ataliba quando afirmava que: "Há distinção entre norma (genérica) e comando particular. Quando uma vontade deseja, genérica e abstratamente, certos comportamentos, toda vez que se verifique uma hipótese, tem-se a norma (geral).(...)

"Quando uma vontade, à vista de uma singular hipótese, deseja um comportamento, tem-se o comando particular (concreto): ato individual, contrato, sentença, ato administrativo etc. Para serem válidas e, pois, obrigatórias, estas normas particulares (comandos concretos) devem ser rigorosa e fielmente fundadas em normas gerais (prévias). Devem dar aplicação às normas anteriores" (*Hipótese de Incidência Tributária*, p. 25).

40. Daí por que um objeto não é parte de relação jurídica, já que não é titular de direitos e deveres.

jurídica pode prescrever que o objeto da conduta a ser adimplida pelo sujeito passivo pode ou não ter natureza obrigacional.

Conforme já averbamos em outras oportunidades,[41] também haurimos esse entendimento das lições de Weida Zancaner, que teceu em sua tese de mestrado considerações a respeito da necessidade de produção de norma individual e concreta para o surgimento de relações jurídicas.

Disse a administrativista, ser o "ato administrativo, em sentido estrito, uma norma jurídica concreta, editada unilateralmente pelo Estado ou por quem esteja investido de prerrogativas públicas, ao nível infralegal e sujeito a controle por órgão jurisdicional. (...)

"Trataremos como ato administrativo, em sentido estrito, as declarações unilaterais editadas pelo Estado, no exercício da função administrativa, que venham desde logo atingir a esfera jurídica dos particulares".[42] Toda e qualquer produção de atos normativos (seja no plano dinâmico ou estático) deve estar pautada nos princípios norteadores do Estado Democrático de Direito sob pena de seu produto (norma jurídica) não encontrar fundamento jurídico de validade. Dois dos principais elementos caracterizadores do Estado de Direito são os princípios da razoabilidade e da proporcionalidade, eis que limitam o exercício da competência legislativa tributária (seja na instituição, na fiscalização ou, ainda, na arrecadação de tributos).

No campo do direito tributário – seja em sua porção estática ou dinâmica –, a competência outorgada à União, aos Estados, aos Municípios e ao Distrito Federal será validamente exercida (de maneira, portanto, coerente e harmônica com o sistema de direito positivo) se forem observados, entre outros, os princípios da razoabilidade e da proporcionalidade.

A propósito do tema, Carlos Roberto de Siqueira Castro esclarece com propriedade a função desses princípios "implícitos" no exercício das competências outorgadas às pessoas políticas ao assentar: "(...) a moderna teoria constitucional tende a exigir que as diferenciações normativas sejam *razoáveis* e *racionais*. Isto quer dizer que a norma classificatória não deve ser arbitrária, implausível ou caprichosa, deven-

---

41. "O princípio republicano e a estrita legalidade tributária", *Repertório de Jurisprudência IOB* 23/875-877, n. 1/17.842.
42. *Da Convalidação e da Invalidação dos Atos Administrativos*, pp. 25-26.

do, ao revés, operar como meio idôneo, hábil e necessário ao atingimento de finalidades constitucionalmente válidas. Para tanto, há de existir uma indispensável relação de congruência entre a classificação em si e o fim a que ela se destina. Se tal relação de identidade entre *meio* e *fim* – *means-end relationship*, segundo a nomenclatura norte-americana – da norma classificatória não se fizer presente, de modo que a distinção jurídica resulte leviana e injustificada, padecerá ela do vício da arbitrariedade, consistente na falta de 'razoabilidade' e de 'racionalidade', vez que nem mesmo ao legislador legítimo, como mandatário da soberania popular, é dado discriminar injustificadamente entre pessoas, bens e interesses na sociedade política".[43]

8.5.3.1 Momento cronológico e aspectos lógicos de sua verificação

Conforme adiantamos, os expedientes lógicos e cronológicos que permitem aferir a observância, por um determinado ato normativo, do princípio da razoabilidade, demandam o exame (i) da ocorrência, no mundo fenomênico, do fato jurídico previsto no antecedente da norma jurídica; (ii) da natureza jurídica do vínculo existente entre a ocorrência de um fato jurídico qualquer e o desencadeamento do functor-de-functor; (iii) de proporcionalidade; e, por fim, (iv) da coerência entre o ato produzido e a finalidade perseguida pelo ordenamento jurídico.

8.5.3.2 A estrutura lógica da norma jurídica

Retomamos os conceitos do Capítulo 6 para consignarmos que, para fins metodológicos, entendemos que a norma jurídica é decomposta entre antecedente e conseqüente normativo. No antecedente normativo, encontramos as coordenadas de tempo, de espaço e material – ou, como preferimos, respectivamente, critério temporal, espacial e material –, que possibilitam identificar ou reconhecer um fato como sendo jurídico-tributário.

Assim, a conexão (dever-ser neutro) entre as proposições de uma norma geral e abstrata (antecedente e conseqüente normativo), que veicula em seu conseqüente uma dada relação jurídica estática entre sujei-

---

43. *O Devido Processo Legal e a Razoabilidade das Leis na Nova Constituição do Brasil*, p. 157 – destaques do autor.

tos de direito (de possível ocorrência), decorre da descrição, no antecedente normativo, das notas características de certos fatos que revelem a existência de um fato jurídico (em circunstâncias de tempo e espaço).

Dado o fato de o antecedente dessa regra veicular a existência de um fato jurídico, deve-ser (necessária e infalivelmente) o seu conseqüente normativo, onde se encontram apontados os critérios indispensáveis para identificação da relação jurídica.

No conseqüente normativo identificamos os critérios necessários e suficientes para apurarmos os sujeitos que se encontram na contingência de cumprir com o dever de satisfazer determinada prestação.

8.5.3.3 Verificação no antecedente da norma jurídica

No antecedente normativo está disposto o critério material, temporal e espacial, que permite identificar a ocorrência do suporte fático (nas palavras de Ponte de Miranda) ou fato jurídico tributário (segundo Paulo de Barros Carvalho) ou fato gerador (de acordo com Rubens Gomes de Souza), enfim a taxinomia não importa.

Haverá razoabilidade e proporcionalidade autorizadora da produção normativa, caso o evento ocorrido no mundo fenomênico se subsuma integralmente à descrição normativa do suporte fático.

Em determinadas hipóteses, entretanto, o conceito do pressuposto de fato pode ser entendido como fluido a ponto de representar um impedimento ao exercício da competência tributária.

É o caso, por exemplo, da autorização para instituição de empréstimo compulsório de que trata o art. 148 da CF. Prescreve aquela norma de estrutura que "a União, mediante lei complementar, poderá instituir empréstimo compulsório para atender a despesas extraordinárias, decorrentes de calamidade pública, de guerra externa ou sua iminência; no caso de investimento público de caráter urgente e de relevante interesse nacional".

Questiona-se, pois, em que circunstância se pode reputar existente uma calamidade pública, ou a hipótese de iminência de guerra ou, ainda, o investimento público de caráter urgente ou de relevante interesse nacional.

Pensamos que a questão nesse tópico restringe-se a aferir se determinado fato, sob o ponto de vista lógico ou racional, se inclui na "zona de certeza positiva" ou na "zona de certeza negativa" descrita no suporte fático.

Contudo, como bem anotou Celso Antônio Bandeira de Mello,[44] em algumas oportunidades a determinação do conceito não deve ser desvendada mediante a análise do pressuposto de fato da norma, mas, sim, pela finalidade perseguida.

8.5.3.4 Verificação na compostura lógica da norma jurídica

Outro critério para aferir a razoabilidade e a proporcionalidade da norma decorre do exame da coerência lógica entre o fato jurídico ocorrido e a conduta normada (se a ocorrência de um fato jurídico qualquer enseja, automática e infalivelmente, a eclosão do functor-de-functor).

Esse critério pode ser objeto de investigação científica em qualquer plano normativo (geral e abstrato, individual e concreto e individual e abstrato). Ao abordar a noção de discricionariedade, Weida Zancaner destaca com precisão a função do princípio da razoabilidade na aplicação da norma individual e concreta ao afirmar: "(...) uma coisa é detectar discrição em uma norma abstrata, outra é verificar se a discrição não se esvai quando da aplicação da norma ao caso concreto.

"O exame das circunstâncias de fato, os princípios de Direito, o critério da razoabilidade e a interpretação geralmente afunilam o caminho a ser trilhado pelo administrador, de tal maneira que este se vê frente à possibilidade de uma única escolha, e não mais frente a um leque de possibilidades".[45]

Imaginando-se que determinado evento (ou o conceito do evento) está inserto na classe de eventos inclusos na "zona de certeza positiva" ou na "zona de certeza negativa" descrita no suporte fático, é necessário examinar, então, se esses fatos guardam relação lógica com a medida tomada.

Não se questiona aqui a intensidade ou a extensão da conduta prescrita pela ocorrência do fato jurídico, mas, sim, se, nas palavras de Paulo Bonavides, há pertinência, aptidão (*Geeignetheit*), adequação ou conformidade entre a ocorrência do suporte fático e a conduta prescrita.

---

44. *Discricionariedade e Controle Jurisdicional*, p. 20.
45. *Da Convalidação e da Invalidação dos Atos Administrativos*, p. 54.

Seria, por exemplo, razoável exigir de uma pessoa jurídica que tenha celebrado contrato de prestação de serviços com entidade imune à incidência de impostos a apresentação, para os agentes públicos no exercício das funções de fiscalização da atividade de arrecadação de tributos, da declaração de rendimentos das pessoas físicas dos seus diretores?

Seguramente nessas circunstâncias a resposta será negativa, porquanto não há pertinência ou conformidade entre o fato de uma pessoa jurídica celebrar um contrato de prestação de serviços e a obrigatoriedade de as pessoas dos seus dirigentes apresentarem suas declarações de rendimentos. Tratar-se-ia de nítida norma maculada pelo desvio de poder (eis que manifesta sua finalidade arbitrária).

Nessa medida, será essencial que na produção de normas jurídicas concretas haja imprescindível motivação do agente para que se verifique a conformidade entre o ato e a competência outorgada.

Daí por que Caio Tácito atrela os conceitos de legalidade, competência e desvio de poder nestes casos (de produção de normas concretas), pois "a noção de legalidade abrange, primeiramente, a regra de competência, que atribui à autoridade um determinado poder ou capacidade para agir, em nome do Estado (...)

"O administrador não gera interesses particulares; ele é titular de atribuições que lhe permitem cuidar de interesses coletivos e a sua conduta é determinada por antecedentes objetivos que a inspiram e condicionam. A autoridade competente não *atua no vácuo*: ela age em função de aspectos de fato ou de direito que determinam as suas deliberações. O ato administrativo mantém nexo de causalidade com os *motivos determinantes*, cuja efetiva existência se torna, assim, condição de legalidade".[46]

Nessa hipótese, a ocorrência do antecedente normativo não pode gerar o nascimento da relação jurídica prevista no conseqüente normativo. Vale dizer: não há razoabilidade autorizadora do nascimento do functor-de-functor que liga a proposição-hipótese à proposição-tese.

8.5.3.5 Verificação na proporcionalidade do conteúdo prescritivo

Uma norma jurídica será proporcional quando a intensidade da conduta prescrita não exceder os limites indispensáveis à consecução da

---

46. "Teoria e prática do desvio do poder", *Temas de Direito Público (Estudos e Pareceres)*, vol. 1, p. 162 – grifo no original.

finalidade perseguida pela norma. Será proporcional, outrossim, se o comando veiculado for adequado à consecução do objetivo perseguido e se não houver, demais disso, meios menos gravosos para atingir o mesmo desiderato.

Imaginemos uma obrigação tributária instrumental instituída para aferir o recebimento, por pessoa jurídica, de valores supostamente devidos a título de contraprestação por serviços técnicos prestados (que servem de elemento para conferir a totalidade das receitas auferidas decorrentes de faturamento). Caso o comando veiculado no conseqüente normativo obrigasse o destinatário da norma a apresentar os contratos celebrados e o balanço contábil discriminando os valores recebidos a tal título, não haveria nisso qualquer mácula, pois o cumprimento destas obrigações permitiria o atendimento das informações solicitadas na medida do necessário.

Coisa diversa ocorreria se fosse determinada, por exemplo, a apresentação do livro diário de movimentação do caixa da empresa, assim como de extrato de movimentação de conta corrente bancária. Esta conduta seria extremamente gravosa ao contribuinte, havendo outros meios mais adequados para o atingimento da finalidade perseguida pelos agentes de fiscalização no exercício da função administrativa.

8.5.3.6 Verificação na finalidade perseguida (princípio da finalidade)

O direito tributário cuida do abastecimento do erário mediante a instituição de tributos. Essa finalidade perseguida (aliada às atividades de fiscalização e arrecadação) encontra limites nos sobreprincípios informadores do exercício da competência tributária impositiva, quais sejam: republicano e federativo, dos quais decorrem o devido processo legal e o princípio da legalidade e, por via de conseqüência (ainda que de forma implícita), os princípios da razoabilidade e da proporcionalidade.

Assim, a competência legislativa outorgada para criação, instituição e fiscalização de tributos deve ser exercida em estrito atendimento aos limites que informam o regime jurídico tributário.

Para Caio Tácito: "O uso da competência para a prática de ato que não visa a alcançar a finalidade legal, mas, sob a aparência de fazê-lo, pretende realmente servir a outro fim, caracteriza uma espécie peculiar de *vício* do ato administrativo. Como, nessa hipótese, a manifestação de vontade do agente competente segue direção diversa daquela que o legislador concebeu e, portanto, *se desvia* do alvo legal, a jurisprudência do Conselho de Estado da França – através da qual se construiu essa modalidade específica de recurso por excesso de poder – batizou-a com o nome, pelo qual se tornou conhecida, de *détournément de pouvoir*, ou, em vernáculo, *desvio de poder*, ou, ainda, *desvio de finalidade*".[47]

Mais uma vez a lição de Celso Antônio Bandeira de Mello é preciosa a respeito do tema, pois "*entende-se por desvio de poder a utilização de uma competência em desacordo com a finalidade que lhe preside a instituição* (...) o desvio de poder é vício que pode afetar comportamento oriundo das funções típicas de quaisquer dos Poderes, já que, no Estado de Direito, as competências públicas não são 'propriedades' de seus titulares (...) O descompasso teleológico entre as finalidades da regra de competência – qualquer que seja ela – e as finalidades do comportamento expedido a título de cumpri-la, macula a conduta do agente, viciando-a com o desvio do poder".[48]

Assim, em qualquer uma das funções estatais, o exercício da competência está condicionado à busca da finalidade perseguida pelo ordenamento jurídico. Deveras, se, para Caio Tácito, "a regra de competência não é um cheque em branco concedido ao administrador (...) a discrição administrativa tem, portanto, como teto a *finalidade* legal competência".[49] Mais adiante, complementa que a "projeção do princípio da *finalidade* do ato administrativo (que, como vimos, é elemento essencial da legalidade que atua como limite da liberdade discricionária do administrador) é a correlata noção de que o exercício da discrição administrativa está vinculada ao *critério de razoabilidade* ou de *proporcionalidade* dos meios, que não podem ser imoderadamente alcançados, afrontando interesse legítimo, direito ou liberdade individual".[50]

Se não houver razoabilidade e proporcionalidade entre o comando determinado e a finalidade perseguida (com as naturais e inerentes limitações ao exercício da competência tributária impositiva), malgrado será o comando produzido por ter incorrido em desvio de finalidade.

---

47. Idem, p. 165 – destaques do autor.
48. "Desvio de Poder", *Revista de Direito Público* 89/27 e ss. – destaques do autor.
49. "Poder discricionário. Desvio de finalidade", *Temas de Direito Público (Estudos e Pareceres)*, vol. 2, p. 1.112.
50. Idem, p. 1.114.

O conjunto dessa empreitada serviu a vários propósitos: identificar as balizas que os princípios informadores do direito positivo impõem ao Poder Legislativo e à Administração na produção de normas jurídicas de direito tributário instrumental; apontar um caminho que, supomos, seja adequado à finalidade perseguida; e identificar quais enunciados normativos com esse propósito guardam relação harmônica com a norma jurídica *lato sensu* que lhe confere fundamento jurídico de validade.

Caso a norma jurídica instrumental produzida extrapole os confins que o ordenamento jurídico lhe impõe, adentraremos na seara – sumariamente perfilada – de desvio do poder. Com essa última abordagem encerramos o propósito estrito desta obra e daremos por encerrada a tarefa intentada.

Capítulo 9
A TEORIA DO DESVIO DO PODER E A PRODUÇÃO DAS NORMAS JURÍDICAS VEICULADORAS DE "OBRIGAÇÕES TRIBUTÁRIAS ACESSÓRIAS"

9.1 Conceito de desvio de poder. 9.2 O desvio de poder e o direito tributário formal.

9.1 Conceito de desvio de poder

A doutrina mais abalizada sobre o assunto conceitua desvio de poder de modo razoavelmente coerente entre si. Para Caio Tácito "o desvio de poder é a inconformidade entre o ato administrativo e a finalidade prevista na lei (...) É quando o agente se *desvia* do alvo obrigatório, em virtude do qual a lei o habilitou a operar, que a ação se torna lícita ou nenhuma".[1] Segundo Oswaldo Aranha Bandeira de Mello "(...) o desvio de poder se restringe aos casos de exercício por órgão da Administração da sua *competência* em desrespeito ao fim a que essa competência está sujeita, que o direito objetivo lhe demarca. Destarte, transborda do poder que lhe fora confiado".[2] Por fim, e em trilha mais abrangente, Celso Antônio Bandeira de Mello averba que: "Ocorre desvio de poder, e, portanto, invalidade, quando o agente se serve de um ato para satisfazer finalidade alheia à natureza do ato utilizado" ou "(...) quando um agente exerce competência que possuía (em abstrato) para alcançar uma finalidade diversa daquela em função da qual lhe foi atribuída a competência exercida".[3]

---

1. *Direito Administrativo*, p. 7 – destaque do autor.
2. *Princípios Gerais de Direito Administrativo*, vol. 1, p. 484 – destaque no original.
3. *Curso de Direito Administrativo*, pp. 378-379.

O direito positivo outorgou àqueles que exercem a função pública a obrigatoriedade de curar o interesse público. Ao lado do dever (Santi Romano), a ordem jurídica outorgou poder (Santi Romano) de forma que aquela finalidade possa ser atingida.

O poder em si mesmo da nada se desvia. Por meio de poderes, outorga-se um plexo de competências para que os agentes públicos produzam atos normativos (gerais e abstratos, individuais e concretos e individuais e abstratos) para melhor atender e resguardar os interesses públicos.

O que há, é bom que se esclareça, é o exercício do poder outorgado aos agentes públicos desjungido das finalidades a que ele (poder) se destina (perseguição do interesse público). Com isso, pensamos que há falar em *desvio de finalidade*[4] no exercício do plexo de poderes conferidos pela Constituição Federal aos agentes públicos e não propriamente desvio do poder (que já estão alinhavados de maneira reta no direito positivo).

Assim, o que há sob o manto do *desvio de finalidade*, como bem ponderou Caio Tácito: "a ilegalidade mais grave é a que se oculta sob a aparência da legitimidade. A violação maliciosa encobre os abusos de direito com a capa virtual da pureza".[5]

Além disso, se o direito positivo exige, por imperativo lógico, que os atos normativos produzidos por autoridade no exercício de uma função estatal sejam existentes e válidos (porque a vigência e a eficácia são prescritas pelo ordenamento jurídico), a norma jurídica tributária instrumental geral e abstrata e a individual e concreta produzida por autoridade competente no exercício da função de fiscalização (art. 196 do CTN) gozam de tais atributos.

Ainda que o ato normativo (legislativo, judicial ou administrativo) seja produzido em *desvio de finalidade*, é necessário que autoridade competente reconheça esse vício expulsando-o do sistema. Nem se fale que no exercício de função administrativa o ato maculado com esse vício possa ser convalidado por ato da Administração, pois, nas palavras de Weida Zancaner: "Os atos inconvalidáveis ou insanáveis por ato do par-

---

4. No mesmo sentido, Weida Zancaner, *Da Convalidação e da Invalidação dos Atos Administrativos*, p. 76.
5. *Direito Administrativo*, p. 6.

ticular são 'prescritíveis' *longi temporis* e, portanto, sanáveis apenas pelo decurso do tempo".[6]

Se o *desvio de finalidade* pressupõe o exercício da competência em desacordo com o desígnio decorrente do plexo de poderes conferidos, não se incluem nessa classe aqueles atos produzidos por agente público incompetente. Com efeito, independente da fonte geradora do ato normativo (legislativa, administrativa ou judicial), o ato produzido por agente incompetente contém vício relativo ao seu pressuposto subjetivo de validade e não referente ao seu pressuposto teleológico de validade, conforme classificação proposta por Celso Antônio Bandeira de Mello.[7]

Calcado uma vez mais nas lições de Celso Antônio Bandeira de Mello,[8] o *desvio de finalidade* pode ocorrer pelo mau uso da competência (quando a finalidade pretendida pelo ato é repugnada pela ordem jurídica ou na hipótese em que o ato normativo produzido não se presta ao atingimento do fim colimado) e, ainda, em razão do não-exercício da competência (omissão).

Vejamos em que medida estes pilares fundamentais da teoria do *desvio de finalidade* aplicam-se em relação ao direito tributário formal.

9.2 O desvio de poder e o direito tributário formal

A norma jurídica tributária instrumental *lato sensu* pode veicular em seu mandamento a prescrição do nascimento de uma relação jurídica (atrelada à eclosão de direitos e obrigações) ou de poderes e deveres (Santi Romano). Os primeiros decorrem de uma prescrição normativa geral e abstrata ou individual e concreta que enseja o nascimento do direito subjetivo de o sujeito ativo exigir do sujeito passivo o cumprimento de determinada conduta (de fazer ou de não fazer) no interesse da arrecadação e da fiscalização de tributos. Já o segundo obriga a que o agente público competente exerça determinada função (mormente de fiscalização) no interesse daquela atividade essencial ao funcionamento do Estado (art. 37, XXII, da CF).

---

6. *Da Convalidação e da Invalidação dos Atos Administrativos*, p. 76.
7. *Curso de Direito Administrativo*, pp. 367-384.
8. *Discricionariedade e Controle Jurisdicional*, pp. 58-61 e 75-76.

O *desvio de finalidade* deve, por imperativo propedêutico, ser analisado sob esses diferentes enfoques (direito/obrigação e dever/poder) do exercício da competência outorgada ao agente público competente.

Tanto um ato normativo oriundo de procedimento legislativo quanto aquele emanado no curso de um procedimento administrativo (ato administrativo) podem ser produzidos com *desvio de finalidade* em razão do mau uso da competência outorgada, respectivamente, pela Constituição ou por meio de instrumentos introdutores normativos primários (art. 59 da CF).

Esse vício maculará uma norma jurídica tributária instrumental quando (i) o comando normativo veiculado em seu mandamento estiver em descompasso com a ordem jurídica e, portanto, alheia ao interesse público; ou (ii) na hipótese em que o ato normativo produzido, embora perseguidor de um interesse público, não se presta ao fim colimado.

Nesses dois casos, os agentes públicos, ao menos em tese, devem estar atribuídos de competência para dispor sobre a matéria para que se trate de *desvio de finalidade*. É que não tendo, abstratamente, poderes para produzir norma jurídica sobre o tema, estaríamos diante de um vício relativo ao pressuposto subjetivo de validade do ato.

Incidiria no primeiro vício, por exemplo, aquela norma jurídica tributária instrumental que fosse produzida para atender a uma finalidade desgarrada do interesse público que preside sua produção (favorecendo apenas o interesse pessoal do agente). Na segunda espécie de vício, o agente almeja buscar um interesse público diverso daquele autorizado pela ordem jurídica (o ato normativo não se presta àquela finalidade). Exemplo típico (de direito tributário material) é vislumbrável naquelas hipóteses em que a autoridade alfandegária exige o pagamento dos tributos incidentes na importação de produto estrangeiro para que o importador possa retirar a mercadoria do depósito alfandegário ou de estabelecimento afim (conduta vedada por interpretação extensiva da Súmula 70 do STF).

Caso um ato normativo seja produzido em decorrência de um poder outorgado pelo ordenamento jurídico, a ocorrência de *desvio de finalidade* deverá ser apurada sob a óptica do mau uso da competência. Situação diversa ocorre quando o dever perseguido não é atingido porque o poder outorgado deixou de ser exercido. Aí estaremos diante de hipótese de *desvio de finalidade por omissão*.

Se por meio de permuta de informações entre as Fazendas Públicas das pessoas políticas houver indícios consistentes de falta de escrituração de fatos sujeitos à tributação de um contribuinte, o agente público competente deverá, valendo-se de poder que lhe foi outorgado pela legislação de regência, iniciar procedimento de fiscalizar para apurar o eventual nascimento de um fato jurídico tributário, sob pena de *desvio de finalidade por omissão*.

A comprovação da conduta do agente competente em *desvio de finalidade* é tema de relevante importância para demonstrar sua ocorrência ou inocorrência no mundo fenomênico. Essa dificuldade inicial não representa empecilho de qualquer espécie, pois será por um conjunto de fatores – bem identificados por Celso Antônio Bandeira de Mello[9] – que essa verificação será possível.

---

9. Idem, pp. 80-82.

CONCLUSÕES

1. A atividade interpretativa do utente acerca do sentido, conteúdo e alcance do conteúdo das normas jurídicas existentes e válidas no direito positivo já se encontra previamente limitada aos confins da linguagem empregada pelo legislador.

2. Os atos normativos podem ingressar no ordenamento jurídico adotando distintas formalizações, como, por exemplo, linguagem escrita e emissão de sinais sonoros ou luminosos etc.

3. A formalização da linguagem ao altiplano da linguagem lógica é um método que agrega, e não ultima, o labor investigativo do exegeta sendo uma das etapas do processo de interpretação dos comandos normativos.

4. A investigação científica a que se propõe o intérprete visa à construção do seu próprio objeto de estudo a partir da demarcação dos limites de sua investigação. A Ciência do Direito, portanto, não atua sobre um dado fornecido, mas, sim, sobre um dado construído a partir de balizas traçadas por uma decisão metodológica.

5. O Direito tem por finalidade regular as condutas intersubjetivas por meio das normas jurídicas; a Ciência do Direito procura compreender a totalidade dos elementos que compõem o ordenamento jurídico e a forma como eles interagem, em relações de coordenação e subordinação, isto é, de maneira sistemática.

6. Além da coerência, a perspectiva unitária do ordenamento deve ser identificada pela análise dos elementos que compõem o todo unitário. De fato, entre as partes identificáveis no ordenamento jurídico, incumbe ao intérprete apurar aquelas que lhe atribuem coerência e harmonia, caracterizando-se, por isso, como elementos aglutinantes ou, como preferimos, pelosprincípios.

7. Diferenciamos, dentro do ordenamento jurídico, as simples regras – que são meros elementos dentro da perspectiva de sistema – dos princípios – que são as linhas mestras que conferem harmonia e coerência ao ordenamento jurídico em razão de sua finalidade aglutinante – e estes (princípios) das normas jurídicas *stricto sensu* – que são as significações que se constroem a partir da análise do texto do direito positivo, tendo por finalidade regular a conduta intersubjetiva. Todas elas são normas jurídicas *lato sensu*.

8. As normas jurídicas constitucionais *lato sensu*, em relação à sua eficácia, podem ser segregadas em (i) normas que conferem poderes aos administrados independentemente de prestação alheia (sem a necessidade do surgimento de uma relação jurídica no mundo fenomênico), outorgando de imediato uma utilidade concreta consistente em um desfrute positivo (como, por exemplo, o direito de ir e vir, a inviolabilidade do domicílio) aliado à prerrogativa de exigir que se afaste a conduta de outrem que a embarace ou perturbe; (ii) normas que conferem poderes aos administrados, mas que dependem de prestação alheia; e, por fim, (iii) regras constitucionais que, sem indicar os caminhos a serem seguidos pelo legislador ordinário, veiculam em seu conteúdo uma finalidade a ser cumprida obrigatoriamente pelo Poder Público.

9. A expressão Estado Democrático de Direito pode (e deve) ser desmembrada pelo intérprete em outras duas: Estado Democrático e Estado de Direito. E isso porque o objeto jurídico adjudicado nessas duas expressões – construído a partir do conjunto de disposições normativas veiculadas no Texto Constitucional – delimita distintos plexos de prerrogativas para satisfação do interesse público.

10. O Estado Democrático brasileiro surgido em 1988 é a expressão da vontade popular tendo como características (i) o pluralismo político, (ii) a eleição dos representantes do povo por meio de sufrágio universal e (iii) a participação popular direta.

11. Ante o sistema normativo brasileiro, há Estado de Direito quando aqueles que estiverem imbuídos da competência para exercer uma função estatal observarem os comandos normativos aplicáveis, geral e abstratamente, a todos os entes da sociedade, subordinando-se, ademais, à jurisdição.

12. Constatada a existência desse universo peculiar de princípios, regras e normas jurídicas *stricto sensu* especialmente aplicáveis a um conjunto determinado de fatos relevantes para o Direito, haverá uma disciplina normativa peculiar e didaticamente autônoma porque sujeita a um específico regime jurídico.

13. O conceito fundamental ao redor do qual gravita o conjunto de disposições normativas que se denomina direito tributário é o tributo (por nós adotada como a relação jurídica por meio da qual determinada pessoa está obrigada a entregar determinada soma de dinheiro a outrem sob certo regime jurídico).

14. O direito tributário é um capítulo do direito administrativo, já que nada aparta o regime jurídico-tributário do regime jurídico-administrativo.

15. É possível segregar o direito tributário em dois capítulos metodologicamente distintos entre si, a saber: direito tributário material ou substantivo (composto pelo conjunto daquelas proposições que prescrevem os aspectos da norma de tributação) e direito tributário instrumental ou adjetivo (composto de normas jurídicas *stricto sensu* e de regras que prescrevem comandos que possibilitem e facilitem a verificação do surgimento e do cumprimento do objeto da relação jurídico-tributária consistente na obrigação de levar dinheiro aos cofres públicos).

16. A posição de primazia dos primados republicano e federativo é vivificada ao longo do Texto Constitucional, tendo a idéia de Federação e diversos dos elementos republicanos sido alçados à condição de cláusula pétrea pelo § 4º do art. 60 da CF.

17. O devido processo legal, do qual o devido processo legal material ou substantivo (*substantive due process of law*) e processual ou adjetivo (*procedural due process of law*) são espécies, veicula uma garantia constitucional que impede a prática de condutas que exorbitem a competência do Estado no exercício de suas funções (legislativa, administrativa e jurisdicional)

18. Seja em seu aspecto substantivo ou adjetivo, o princípio veiculado na cláusula do devido processo legal veda a produção de normas jurídicas *lato sensu* que ensejem a prática de arbitrariedades no curso dos processos judiciais ou administrativos ou de direitos materiais.

19. Acolhemos a obrigação no sentido de uma relação jurídica construída mentalmente, ou seja, como o vínculo abstrato entre dois sujeitos de direito ao qual se encontra subjacente um objeto que consiste numa conduta humana do primeiro de fazer ou de não fazer algo em relação ao segundo em uma das modalidades deônticas possíveis (obrigatório, permitido ou proibido).

20. Não se confunde direito e obrigação com poder e dever. Os deveres e os poderes são veiculados em regras ou princípios, porquanto formulados em juízos categóricos, o que não ocorre com as normas jurídicas *stricto sensu* cuja estrutura proposicional é hipotético-condicional.

21. A obrigação é uma categoria jurídico-positiva e não lógico-jurídica. O Código Tributário Nacional veiculou dispositivo normativo que permite desconstituir a construção teórica universal no sentido de que uma das notas conotativas desse instituto é a patrimonialidade e a transitoriedade.

22. A "obrigação tributária acessória" tem por finalidade fazer com que o sujeito passivo leve (fazer) ao conhecimento da pessoa competente (que figura no pólo ativo dessa relação jurídica) informações que lhe permitam apurar o surgimento de relações jurídicas de direito tributário material, de tal forma a instrumentalizar a atividade de arrecadação e de fiscalização de tributos. Mas não apenas isso.

23. A efetiva eclosão dos efeitos jurídicos da obrigação tributária material no mundo fenomênico é circunstância independente e autônoma ao nascimento de uma obrigação tributária "acessória". E nessa hipótese não há falar na existência de uma obrigação principal e de uma acessória.

24. É cientificamente oportuno alterar a denominação das obrigações tributárias "acessórias" para obrigações tributárias instrumentais e nos referir à norma que veicula uma obrigação tributária instrumental como norma jurídica tributária instrumental ou norma tributária instrumental, apartando-a da norma tributária material, que prescreve as demais condutas desejadas pela ordem jurídica no campo do direito tributário material ou substantivo.

25. Uma norma jurídica tributária instrumental será validamente produzida se prescrever condutas que tenham por finalidade prover a pessoa competente (que exerce a função de fiscalização) de informações a respeito (i) da ocorrência de fatos jurídicos que ensejam o nascimento de obrigações tributárias materiais e (ii) do seu adimplemento pelo sujeito passivo veiculado no mandamento da norma jurídica tributária. Daí por que nas dobras dessas prescrições é que se encontram os confins do "interesse" da arrecadação e da fiscalização de tributos.

26. O art. 113 do CTN é norma jurídica federal e não nacional (nem tampouco norma geral em matéria de legislação tributária), razão por que não espraia os seus efeitos normativos aos demais entes federais nas relações jurídicas em que sejam parte.

27. A conexão entre as proposições de uma norma jurídica instrumental geral e de uma abstrata, em cujo conseqüente normativo estão veiculadas as notas necessárias à identificação de uma obrigação tributária instrumental, decorre da descrição, no antecedente normativo, das notas características de que certos fatos apresentam uma norma jurídica tributária material e sua referência a determinada pessoa.

28. A prescrição normativa do art. 197 do CTN outorga ao agente administrativo a prerrogativa de exigir das pessoas apontadas nesse dispositivo complementar a prestação de informações e o fornecimento de documentos a respeito de bens, negócios ou atividades de terceiros que tenham conhecimento em razão do seu ofício e que possam influenciar na apuração do nascimento e do cumprimento de obrigações tributárias de direito tributário material.

29. Aquela pessoa que tem aptidão para ser o sujeito passivo da norma jurídica tributária material (veiculada, por imperativo lógico, no aspecto material do descritor da norma de tributação instrumental), pode ser posta na condição de sujeito passivo da norma tributária instrumental e, portanto, na contingência de prestar informações relativas à ocorrência, no mundo fenomênico, de um fato jurídico tributário e o seu eventual adimplemento.

30. Se uma pessoa não está relacionada com o nascimento de um fato jurídico tributário – porque não participou daqueles atos e fatos que, direta e indiretamente, colaboraram para sua eclosão no mundo fenomênico –, não poderá o Poder constituído produzir qualquer espécie de ato normativo colocando-a na condição de sujeito passivo de uma obrigação tributária instrumental.

31. A função pública exercida pelo agente público competente no exercício de fiscalização calcada em norma tributária instrumental denomina-se poder de polícia (especificamente, polícia administrativa), pois o particular tem a esfera de sua liberdade conformada aos interesses públicos perseguidos em prol da arrecadação e da fiscalização de tributos que são atividades essenciais ao Estado.

32. Decaído o direito de a pessoa competente formalizar a obrigação tributária material, desaparece, por via de conseqüência, a obrigação do sujeito passivo de cumprir a obrigação tributária instrumental a seu encargo.

33. Tendo o direito positivo outorgado ao agente público o deverpoder de exercer a função administrativa de fiscalização tributária, não há falar na incidência dos efeitos normativos decorrentes do instituto da decadência.

34. A segurança jurídica assegura aos administrados a previsibilidade da atuação daqueles que exercem as funções públicas (princípio da nãosurpresa) conferindo-lhe o direito subjetivo constitucional à previsibilidade da atuação estatal.

35. As garantias fundamentais veiculadas no art. 5º da CF resguardam o princípio da segurança jurídica.

36. A Constituição Federal indicou expressa e excepcionalmente as hipóteses em que relações intersubjetivas podem ser reguladas por instrumento que não tenha sido objeto de consentimento dos representantes do povo. Por tal razão, as normas jurídicas tributárias instrumentais só podem ser veiculadas por ato normativo decorrente de regular procedimento legislativo.

37. Se o sistema de direito positivo proíbe que atos infralegais criem novas espécies de obrigações tributárias instrumentais não previstas em lei formal, há impedimento constitucional para que o Poder constituído delegue essa competência para outrem. A única e excepcional hipótese que a Constituição Federal de 1988 permite, a delegação legislativa, está veiculada em seu art. 68 e em nenhuma outra disposição constitucional fruto do Poder Constituinte.

38. A irretroatividade dos comandos normativos que criam novos direitos e obrigações ou deveres e poderes impede que tais comandos possam produzir eficácia retroativa colhendo em seu aspecto material fato ocorrido antes de seu advento.

39. As obrigações tributárias instrumentais observam – em relação à anterioridade – a regra geral vigente em nosso direito positivo (veiculada na Lei de Introdução ao Código Civil).

40. Qualquer disposição normativa em direito – incluindo-se, pois, o direito tributário formal e material – deve observar o primado da isonomia sob pena de inconstitucionalidade.

41. Os aspectos componentes da estrutura lógica da norma jurídica instrumental devem guardar entre si e almejar, em seu conjunto, atingir a finalidade que preside sua existência com atributos de razoabilidade e proporcionalidade.

42. Os expedientes lógicos e cronológicos que permitem aferir a observância, por um determinado ato normativo, do princípio da razoabilidade, demandam o exame (i) da ocorrência, no mundo fenomênico, do fato jurídico previsto no antecedente da norma jurídica; (ii) da natureza jurídica do vínculo existente entre a ocorrência de um fato jurídico qualquer e o desencadeamento do functor-de-functor; (iii) de proporcionalidade; e, por fim, (iv) da coerência entre o ato produzido e a finalidade perseguida pelo ordenamento jurídico.

43. Tanto um ato normativo oriundo de procedimento legislativo quanto aquele emanado no curso de um procedimento administrativo (ato administrativo) podem ser produzidos com *desvio de finalidade* em razão do mau uso da competência outorgada, respectivamente, pela Constituição ou por meio de instrumentos introdutores normativos primários (art. 59 da Constituição Federal).

44. Esse vício maculará uma norma jurídica tributária instrumental quando (i) o comando normativo veiculado em seu mandamento estiver em descompasso com a ordem jurídica e, portanto, alheia ao interesse público; ou (ii) na hipótese em que o ato normativo produzido, embora perseguidor de um interesse público, não se presta ao fim colimado.

BIBLIOGRAFIA

ATALIBA, Geraldo. "Decreto regulamentar no sistema brasileiro". *Revista de Direito Administrativo* 97/21-33.

_____. *Empréstimos Públicos e seu Regime Jurídico*. São Paulo, Ed. RT, 1973.

_____. "Fato futuro e tributação. Art. 150, § 7º, da Constituição Federal de 1988. Redação da Emenda Constitucional 3/93". In *Direito, n. 1 – Programa de Pós-Graduação em Direito PUC-SP*. São Paulo, Max Limonad, 1995, pp. 41-50.

_____. *Hipótese de Incidência Tributária*. 6ª ed., 6ª tir., São Paulo, Malheiros Editores, 2005.

_____. "ICM – Abatimento constitucional. Princípio da não-cumulatividade". *Revista de Direito Tributário* 29-30/110-126.

_____. "Lei Complementar em matéria tributária". *Revista de Direito Tributário* 48/84-106.

_____. *Lei Complementar na Constituição*. São Paulo, Ed. RT, 1971.

_____. *Noções de Direito Tributário*. São Paulo, Ed. RT, 1964.

_____. "Normas gerais de Direito Financeiro e Tributário". *Revista de Direito Público* 10/45-80.

_____. "Periodicidade do Imposto sobre a Renda I". *Revista de Direito Tributário* 63/15-38.

_____. "Periodicidade do Imposto sobre a Renda II". *Revista de Direito Tributário* 63/39-68.

_____. *República e Constituição*. 2ª ed., 3ª tir., São Paulo, Malheiros Editores, 2004.

_____. *Sistema Constitucional Tributário Brasileiro*. São Paulo, Ed. RT, 1968.

_____ et al. *Interpretação no Direito Tributário*. São Paulo, Saraiva, 1975.

_____, e GIARDINO, Cléber. "Responsabilidade tributária – ICM – Substituição tributária (Lei Complementar 44/83)". *Revista de Direito Tributário* 34/49-68.

ATALIBA, Geraldo; GOMES DE SOUZA, Rubens, e CARVALHO, Paulo de Barros. *Comentários ao Código Tributário Nacional*. São Paulo, Ed. RT, 1985.

BALEEIRO, Aliomar. *Direito Tributário Brasileiro*. Atualizado por Misabel Abreu Machado Derzi. Rio de Janeiro, Forense, 2003.

BANDEIRA DE MELLO, Celso Antônio. "O conteúdo do regime jurídico-administrativo e seu valor metodológico". *Revista de Direito Público* 2/44-61.

_____. *O Conteúdo Jurídico do Princípio da Igualdade*. 3ª ed., 12ª tir., São Paulo, Malheiros Editores, 2004.

_____. "Criação de secretarias municipais". *Revista de Direito Público* 15/27-36.

_____. *Curso de Direito Administrativo*. 19ª ed. revista e atualizada até a Emenda Constitucional 47, de 5.7.2005, São Paulo, Malheiros Editores, 2004.

_____. "Desvio de poder". *Revista de Direito Público* 89/27-36.

_____. *Discricionariedade e Controle Jurisdicional*. 2ª ed., 6ª tir., São Paulo, Malheiros Editores, 2003.

_____. "Eficácia das normas constitucionais sobre Justiça social". *Revista de Direito Público* 57-58/233-256.

_____. "Empréstimos públicos". *Revista de Direito Público* 92/63.

_____. "Extensão das alterações dos contratos administrativos, a questão dos 25%". *Revista Brasileira de Direito Público* 1/43-66.

_____. "Ilícito tributário (notas frias)". *Revista de Direito Tributário* 62/22-32.

_____. "Leis originariamente inconstitucionais compatíveis com emenda constitucional". *Revista Trimestral de Direito Público* 23/12-20.

_____. *Natureza e Regime Jurídico das Autarquias*. São Paulo, Ed. RT, 1968.

_____. "Procedimento tributário – Declaração falsa – Responsabilidade – Dever acessório – Multa – Suspeita e prova – Boa-fé e relação jurídica". *Revista de Direito Tributário* 7-8/60-70.

BANDEIRA DE MELLO, Celso Antônio (Org.). *Estudos em Homenagem a Geraldo Ataliba*, vol. 1. São Paulo, Malheiros Editores, 1997.

BANDEIRA DE MELLO, Oswaldo Aranha. *Princípios Gerais de Direito Administrativo*, vol. 1. Rio de Janeiro, Forense, 1969.

_____. *Teoria das Constituições Rígidas*. 1934.

BARBOSA, Ruy. *Ação Cível Originária n. 7*. Rio de Janeiro, 1915.

BARRETO, Aires F., e BOTTALLO, Eduardo Domingos (Coords.). *Curso de Iniciação em Direito Tributário*. São Paulo, Dialética, 1997.

BARROSO, Luís Roberto. *Interpretação e Aplicação da Constituição*. São Paulo, Saraiva, 1996.

BASTOS, Celso Ribeiro, e BRITTO, Carlos Ayres. *Interpretação e Aplicabilidade das Normas Constitucionais*. São Paulo, Saraiva, 1982.

BASTOS, Celso Ribeiro, e MARTINS, Ives Gandra da Silva. *Comentários à Constituição do Brasil*, vol. 1. São Paulo, Saraiva, 1988.

BECKER, Alfredo Augusto. *Teoria Geral do Direito Tributário*. São Paulo, Lejus, 1998.

BEVILÁQUA, Clóvis. *Comentários ao Código Civil*. Rio de Janeiro, Saraiva, 1953.

BITAR, Orlando. *Obras Completas de Orlando Bitar*, vol. 3. Brasília, Conselho Federal de Cultura e Departamento de Assuntos Culturais, 1978.

BOBBIO, Norberto. *Teoria do Ordenamento Jurídico*. Brasília, Pólis, 1991.

BONAVIDES, Paulo. *Curso de Direito Constitucional*. 16ª ed. atualizada, São Paulo, Malheiros Editores, 2005.

BORGES, Arnaldo. "Obrigação tributária acessória". *Revista de Direito Tributário* 4/85-97.

BORGES, José Souto Maior. *Ciência Feliz*. São Paulo, Max Limonad, 2000.

_____. "Competência tributária dos Estados e dos Municípios". *Revista de Direito Tributário* 47/133-142.

_____. "Isonomia tributária na Constituição Federal de 1988". *Revista de Direito Tributário* 64/8-17.

_____. *Lei Complementar Tributária*. São Paulo, Ed. RT, 1975.

_____. "Normas gerais de Direito Tributário, inovações do seu regime da Constituição de 1988". *Revista de Direito Tributário* 87/64-71.

_____. *Obrigação Tributária (uma introdução metodológica)*. 2ª ed., São Paulo, Malheiros Editores, 2001.

_____. "Princípio constitucional da legalidade e as categorias obrigacionais". *Revista de Direito Tributário* 23-24/83-90.

_____. "Princípio da isonomia e sua significação na Constituição de 1988". *Revista de Direito Público* 93/34-40.

_____. "Princípio da segurança jurídica na criação e na aplicação do tributo". *Revista de Direito Tributário* 63/206-210.

_____. "O problema fundamental da base empírica para a Ciência do Direito e seus reflexos em questões indecidíveis pela doutrina do Direito Tributário". *Revista de Direito Tributário* 31/147-161.

_____. *Teoria Geral da Isenção Tributária*. 3ª ed., São Paulo, Malheiros Editores, 2001.

BOTTALLO, Eduardo Domingos, e BARRETO, Aires F. (Coords.). *Curso de Iniciação em Direito Tributário*. São Paulo, Dialética, 1997.

BRITTO, Carlos Ayres, e BASTOS, Celso Ribeiro. *Interpretação e Aplicabilidade das Normas Constitucionais*. São Paulo, Saraiva, 1982.

CAMMAROSANO, Márcio. "Regulamentos". *Revista de Direito Público* 51-52/131-133.

CANOTILHO, Joaquim José Gomes. *Direito Constitucional*. Coimbra, Almedina, 1991.

_____. *Direito Constitucional e Teoria da Constituição*. Coimbra, Almedina, 1998.

CARRAZZA, Roque Antônio. *Curso de Direito Constitucional Tributário*. 20ª ed., revista, ampliada e atualizada, até a EC n. 44/2004, São Paulo, Malheiros Editores, 2004.

_____. *ICMS*. 10ª ed., São Paulo, Malheiros Editores, 2005.

_____. *O Regulamento no Direito Tributário Brasileiro*. São Paulo, Ed. RT, 1981.

CARRIÓ, Genaro R. *Notas sobre Derecho y Lenguaje*. Buenos Aires, Abeledo-Perrot, 1990.

_____. *Princípios Jurídicos e Positivismo Jurídico*. Buenos Aires, Abeledo-Perrot, 1970.

CARVALHO, Paulo de Barros. "A relação jurídica tributária e as impropriamente chamadas obrigações tributárias acessórias". *Revista de Direito Público* 17.

_____. *Curso de Direito Tributário*. São Paulo, Saraiva, 2002.

_____. *Direito Tributário – Fundamentos Jurídicos da Incidência*. São Paulo, Saraiva, 1999.

_____. "Formalização da linguagem proposições e fórmulas". In *Direito n. 1 – Programa de Pós-Graduação em Direito PUC-SP*. São Paulo, Max Limonad, 1995, pp. 143-153.

_____. *Fundamentos Jurídicos da Incidência Tributária*. São Paulo, Saraiva, 1999.

_____. "Obrigação tributária". In SOUZA, Hamilton Dias de; TILBERY, Henry, e MARTINS, Ives Gandra da Silva. *Comentários ao Código Tributário Nacional*, vol. 3. São Paulo, José Bushatsky, 1977, pp. 117-191.

_____. "Sobre os princípios constitucionais". *Revista de Direito Tributário* 55/143-155.

_____. *Teoria da Norma Tributária*. São Paulo, Max Limonad, 1998.

CARVALHO, Paulo de Barros; ATALIBA, Geraldo, e GOMES DE SOUZA. Rubens. *Comentários ao Código Tributário Nacional*. São Paulo, Ed. RT, 1985.

COÊLHO, Sacha Calmon Navarro. *Comentários ao Código Tributário Nacional*. Coord. de Carlos Valder Nascimento. Rio de Janeiro, Forense, 1998.

_____. "Norma jurídica e obrigação tributária". *Revista de Direito Tributário* 13-14/14-136.

COOLEY, Thomas. *Princípios Gerais de Direito Constitucional dos Estados Unidos da América do Norte*. Tradução de Alcides Cruz. 2ª ed., São Paulo, Ed. RT, 1982.

COSTA, Regina Helena. "Conceitos jurídicos indeterminados e discricionariedade administrativa". *Revista de Direito Público* 95/125-138.

DALLARI, Adilson Abreu, e FERRAZ, Sérgio. *Processo Administrativo*. 1ª ed., 3ª tir., São Paulo, Malheiros Editores, 2003.

DERZI, Misabel de Abreu Machado. In BALEEIRO, Aliomar. *Direito Tributário Brasileiro*. Atualizado por Misabel de Abreu Machado Derzi. Rio de Janeiro, Forense, 2003.

DINIZ, Maria Helena. *Compêndio de Introdução à Ciência do Direito*. São Paulo, Saraiva, 1997.

_____. *Curso de Direito Civil Brasileiro*, vols. 1 a 5. São Paulo, Saraiva, 1993.

_____. *As Lacunas no Direito*. São Paulo, Saraiva, 2002.

_____. *Norma Constitucional e seus Efeitos*. São Paulo, Saraiva, 2001.

FAGUNDES, Seabra. *O Controle dos Atos Administrativos pelo Poder Judiciário*. Rio de Janeiro, Forense, 1979.

FALCÃO, Amílcar de Araújo. *Fato Gerador da Obrigação Tributária*. São Paulo, Ed. RT, 1974.

FERRAZ, Sérgio, e DALLARI, Adilson Abreu. *Processo Administrativo*. 1ª ed., 3ª tir., São Paulo, Malheiros Editores, 2003.

FERRAZ JÚNIOR, Tércio Sampaio. *Introdução ao Estudo do Direito*. São Paulo, Atlas, 2001.

_____. "Princípios condicionantes do Poder Constituinte Estadual em face da Constituição Federal". *Revista de Direito Público* 92/34-42.

_____. "Segurança jurídica e normas gerais tributárias". *Revista de Direito Tributário* 17-18/51-56.

FERREIRA SOBRINHO, José Wilson. "Obrigação tributária acessória". *Revista de Direito Tributário* 36/191-204.

FIGUEIREDO, Lucia Valle. *Curso de Direito Administrativo*. 7ª ed., São Paulo, Malheiros Editores, 2004.

_____. "Estado de Direito e devido processo legal". *Revista Diálogo Jurídico* 11. Salvador, CAJ – Centro de Atualização Jurídica, fevereiro de 2002. Disponível em www.direitopublico.com.br.

GAGO DA SILVA, Maria Aline, e BRUXO, Jorge Baptista. *Princípios Jurídicos da Administração Pública*. Brasília, Imprensa Nacional – Casa da Moeda, 1985.

GASPARINI, Diógenes. *Poder Regulamentar*. São Paulo, Ed. RT, 1982.

GIARDINO, Cléber. "ICM – Abatimento constitucional. Princípio da não-cumulatividade". *Revista de Direito Tributário* 29-30/110-126.

_____, e ATALIBA, Geraldo. "Responsabilidade tributária – ICM – Substituição tributária (Lei Complementar 44/83)". *Revista de Direito Tributário* 34/49-68.

GOMES DE SOUZA, Rubens. *Compêndio de Legislação Tributária*. Edição póstuma. São Paulo, Resenha Tributária, 1975.

GOMES DE SOUZA, Rubens; CARVALHO, Paulo de Barros, e ATALIBA, Geraldo. *Comentários ao Código Tributário Nacional*. São Paulo, Ed. RT, 1985.

GORDILLO, Agustín. *Introducción al Derecho*. Buenos Aires, Fundación de Derecho Administrativo, 2000. Disponível em www.gordillo.com.

_____. *Princípios Gerais de Direito Público*. Tradução de Marco Aurélio Greco. São Paulo, Ed. RT, 1976.

HORVATH, Estevão. "Classificação dos tributos". In BARRETO, Aires F., e BOTTALLO, Eduardo Domingos (Coords.) *Curso de Iniciação em Direito Tributário*. São Paulo, Dialética, 1997, pp. 37-50.

_____. *Lançamento Tributário e Auto Lançamento*. São Paulo, Dialética, 1997.

_____. "Mesa de Debates 'D' – Contribuições". *Revista de Direito Tributário* 87/90-94.

_____. *O Princípio do Não-Confisco no Direito Tributário*. São Paulo, Dialética, 2002.

JARACH, Dino. *Curso Superior de Derecho Tributario*. Buenos Aires, Cima, 1969.

JUSTEN FILHO, Marçal. *Sujeição Passiva Tributária*. Belém do Pará, CEJUSP, 1986.

KELSEN, Hans. *Teoria Pura do Direito*. Trad. João Baptista Machado. São Paulo, Martins Fontes, 2000.

LACOMBE, Américo Lourenço Masset. *Princípios Constitucionais Tributários*. 2ª ed., São Paulo, Malheiros Editores, 2000.

LAPATZA, José Juan Ferreiro. "Los esquemas dogmáticos fundamentales del Derecho Tributário". *Revista de Direito Tributário* 82/7-20.

_____. "El principio de legalidad y la reserva de ley". *Revista de Direito Tributário* 50/7-13.

_____. "Relación jurídico-tributaria – La obligación tributaria". *Revista de Direito Tributário* 41/7-35.

LINS E SILVA, Joana. *Fundamentos da Norma Tributária*. São Paulo, Max Limonad, 2001.

MACHADO, Hugo de Brito. *Curso de Direito Tributário*. 26ª ed., revista, atualizada e ampliada, São Paulo, Malheiros Editores, 2005.

_____. "Fato gerador da obrigação acessória". *Revista Dialética de Direito Tributário* 96/29-35.

_____. "Obrigação tributária acessória e abuso do poder-dever de fiscalizar". *Revista Dialética de Direito Tributário* 24/61-67.

MARTINS, Ives Gandra da Silva, e BASTOS, Celso Ribeiro. *Comentários à Constituição do Brasil*, vol. 1. São Paulo, Saraiva, 1988.

MARTINS, Ives Gandra da Silva; SOUZA, Hamilton Dias de, e TILBERY, Henry. *Comentários ao Código Tributário Nacional*, vol. 3. São Paulo, José Bushatsky, 1977.

MAXIMILIANO, Carlos. *Comentários à Constituição Brasileira*. 2ª ed., 1923.

_____. *Hermenêutica e Aplicação do Direito*. Porto Alegre, Globo, 1933.

MONTEIRO, Washington de Barros. *Curso de Direito Civil*. São Paulo, Saraiva, 1960.

MORAES, Alexandre de. *Constituição do Brasil Interpretada e Legislação Constitucional*. São Paulo, Atlas, 2002.

MOSQUERA, Roberto Quiroga. *Renda e Proventos de Qualquer Natureza – O Imposto e seu Conceito Constitucional*. São Paulo, Dialética, 1996.

OLIVEIRA, Régis Fernandes de. *Ato Administrativo*. São Paulo, Ed. RT, 1978.

PEREIRA, Caio Mário da Silva. *Instituições de Direito Civil*, vol. 2. Rio de Janeiro, Forense, 1993.

PINTO FERREIRA, Luiz. *Princípios Gerais do Direito Constitucional Moderno*, t. I. São Paulo, Ed. RT, 1971.

PONTES DE MIRANDA. *Comentários à Constituição de 1967 com a Emenda n. 1 de 1969*, vol. 1. São Paulo, Ed. RT, 1973.

_____. *Tratado de Direito Privado*, t. I-IV. Campinas, Bookseller, 2001.

POPPER, Karl. *A Lógica da Pesquisa Científica*. 2ª ed., São Paulo, Cultrix, s.d.

REALE, Miguel. *O Direito como Experiência*. São Paulo, Saraiva, 1968.

_____. *Lições Preliminares de Direito*. São Paulo, Saraiva, 1993.

RODRIGUES, Silvio. *Direito Civil*. São Paulo, Saraiva, 1995.

ROSS, Alf. *Direito e Justiça*. Tradução de Edson Bini. Revisão técnica Alysson Leandro Mascaro. Bauru-SP, EDIPRO, 2000.

SAINZ MORENO, Fernando. *Conceptos Jurídicos, Interpretación y Discricionalidad Administrativa*. Madri, Civitas, 1976.

SAMPAIO DÓRIA, Antônio Roberto. *Direito Constitucional Tributário e "Due Process of Law". Ensaio sobre o Controle Judicial da Razoabilidade das Leis*. Rio de Janeiro, Forense, 1986.

SANTI ROMANO. *Fragmentos de un Diccionario Jurídico*. Tradução de Santiago Sentis Melendo e Marino Ayerra Redín. Buenos Aires, Ediciones Jurídicas Europa-América, 1964.

_____. *Princípios de Direito Constitucional Geral*. Tradução de Maria Helena Diniz. São Paulo, Ed. RT, 1977.

SICHES, Luis Recaséns. *Filosofía del Derecho*. México, Editorial Porrua, 1961.

_____. *Introducción al Estudio del Derecho*. México, Editorial Porrua, 1972.

_____. *Nueva Filosofía de la Interpretación del Derecho*. México, Editorial Porrua, 1973.

SILVA, José Afonso da. *Aplicabilidade das Normas Constitucionais*. 6ª ed., 3ª tir., São Paulo, Malheiros Editores, 2004.

_____. *Curso de Direito Constitucional Positivo*. 24ª ed., revista e atualizada nos termos da Reforma Constitucional (até a Emenda Constitucional n. 45, de 8.12.2004, publicada em 31.12.2004), São Paulo, Malheiros Editores, 2005.

_____. "O sistema representativo, democracia semidireta e democracia participativa". *Revista do Advogado* 73/94-108. São Paulo, Associação dos Advogados do Estado de São Paulo – AASP, Ano XXIII, novembro 2003.

SIQUEIRA CASTRO, Carlos Roberto de. *O Devido Processo Legal e a Razoabilidade das Leis na Nova Constituição do Brasil*. Rio de Janeiro, Forense, 1989.

SOARES DE MELO, José Eduardo. *Curso de Direito Tributário*. São Paulo, Dialética, 2002.

SOUZA, Hamilton Dias de; TILBERY, Henry, e MARTINS, Ives Gandra da Silva. *Comentários ao Código Tributário Nacional*, vol. 3. São Paulo, José Bushatsky, 1977.

TÁCITO, Caio. *Direito Administrativo*. São Paulo, Saraiva, 1975.

_____. "O Princípio da Legalidade, ponto e contraponto". In BANDEIRA DE MELLO, Celso Antônio et. al. *Estudos em Homenagem a Geraldo Ataliba*, vol. I. São Paulo, Malheiros Editores, 1997, pp. 142-151.

_____. *Temas de Direito Público (Estudos e Pareceres)*, vols. 1 e 2. Rio de Janeiro, Renovar, 1997.

TEMER, Michel. *Elementos de Direito Constitucional*. 20ª ed., revista e atualizada de acordo com a EC 25/2004, São Paulo, Malheiros Editores, 2005.

TERAN, Juan Manuel. *Filosofía del Derecho*. México, Editorial Porrua, 1971.

TILBERY, Henry; MARTINS, Ives Gandra da Silva, e SOUZA, Hamilton Dias de. *Comentários ao Código Tributário Nacional*, vol. 3. São Paulo, José Bushatsky, 1977.

TOLEDO BARROS, Suzana de. *O Princípio da Proporcionalidade e o Controle das Leis Restritivas de Direitos Fundamentais*. Brasília, Brasília Jurídica, 1996.

UCKMAR, Victor. *Princípios Comuns de Direito Constitucional Tributário*. Tradução e notas ao Direito brasileiro de Marco Aurélio Greco. 2ª ed., São Paulo, Malheiros Editores, 1999.

VELLOSO, Mário da S. "Delegação legislativa – A legislação por associações". *Revista de Direito Público* 92/150-159.

VENOSA, Sílvio de Salvo. *Teoria Geral das Obrigações e Teoria Geral dos Contratos*. São Paulo, Atlas, 2003.

VILANOVA, Lourival. *Causalidade e Relação de Direito*. São Paulo, Ed. RT, 2000.

_____. *Escritos Jurídicos e Filosóficos*, vols. 1 e 2. São Paulo, Axis Mundi/IBET, 2003.

_____. *As Estruturas Lógicas e o Sistema do Direito Positivo*. São Paulo, Max Limonad, 1997.

VILLEGAS, Hector B. *Curso de Direito Tributário*. São Paulo, Ed. RT, 1980.

ZANCANER, Carolina. "A função social da propriedade e a desapropriação para fins urbanísticos". *Revista Trimestral de Direito Público* 33/230-254.

ZANCANER, Weida. *Da Convalidação e da Invalidação dos Atos Administrativos*. 2ª ed., 3ª tir., São Paulo, Malheiros Editores, 2001.

_____. "Razoabilidade e moralidade, princípios concretizadores do perfil constitucional do Estado Social e Democrático de Direito". In BANDEIRA DE MELLO, Celso Antônio et. al. *Estudos em Homenagem a Geraldo Ataliba*, vol. 1. São Paulo, Malheiros Editores, 1997, pp. 619-632.

ZOCKUN, Maurício Garcia Pallares. *O Direito de Propriedade e a Substituição Tributária*. Monografia apresentada no Curso de Pós-Graduação na Área de Direito do Estado, na subárea de Direito Tributário, da Pontifícia Universidade Católica de São Paulo.

_____. "O princípio republicano e a estrita legalidade tributária". *Repertório de Jurisprudência IOB*, 23-1-17.842:875-877, 1ª quinzena de dezembro 2002.